G Schröder

Der Kampf um Wien 1683

G Schröder

Der Kampf um Wien 1683

ISBN/EAN: 9783743415225

Hergestellt in Europa, USA, Kanada, Australien, Japan

Cover: Foto ©ninafisch / pixelio.de

Weitere Bücher finden Sie auf **www.hansebooks.com**

Der

Kampf um Wien 1683.

Sein Verlauf und seine Bedeutung für die Geschichte des Festungskrieges.

Ein Beitrag zur zweihundertjährigen Gedächtnißfeier.

Von

H. Schröder,
Generalmajor z. D., vormals im Ingenieur-Korps.

Mit einer Tafel.

Berlin 1883.
Ernst Siegfried Mittler und Sohn
Königliche Hofbuchhandlung
Kochstraße 69. 70.

Separat-Abdruck aus dem Juli-Augustheft 1883
des
„Archiv für die Artillerie- u. Ingenieur-Offiziere des deutschen Reichsheeres".

Mit Vorbehalt des Uebersetzungsrechts.

Die Vertheidigung und der Entsatz von Wien im Sommer des Jahres 1683 bilden eine große und schöne Erinnerung für die österreichische Armee und die Bürgerschaft der Stadt.

Das hundertjährige Gedächtniß jener schweren und glorreichen Tage ist gefeiert worden; die Feier des zweihundertjährigen ist in Vorbereitung.

Dieser Feier ihre freund-nachbarliche Theilnahme zu widmen, würde die deutsche Presse sich für berufen erachten müssen, auch wenn das geschichtliche Ereigniß, dem sie gilt, nur österreichisches Haus- und Heimaths-Interesse berührte; das Ereigniß ist aber von welthistorischer, es ist von kriegsgeschichtlicher, insbesondere festungskriegsgeschichtlicher Bedeutung und dadurch vollberechtigt, von der militärischen Fachpresse eingehend berücksichtigt zu werden.

———

Langsam, aber unwiderstehlich war das Osmanenthum in Europa westwärts vorgerückt.

1360 hatte es seinen ersten bedeutenden Stützpunkt, Adrianopel, gewonnen. Der Balkan wurde überschritten, und nach harten Kämpfen erlag das Slaventhum in der Schlacht auf dem Amselfelde 1390.

Sechs Jahre später erreichten die Türken bei Nikopoli die Donau, die große Verkehrsader, den Heerweg zu friedlichen wie feindlichen Zügen zwischen Orient und Abendland.

Nun folgten die Kämpfe um Ungarn. Erst 1521 wurde die wichtige Etappe Belgrad dauernd gewonnen; 1541 Ofen.

In diese Zeit fällt das erste Vordringen bis Wien, das Suleiman II., der größte der türkischen Sultane, 1529, aber vergeblich, belagerte.

Zum zweiten Male im Jahre 1683 drang die verheerende Fluth des türkischen Kriegsvolkes so weit nach Westen; zum zweiten Male war Wien der Damm, an dem sie sich staute, bis die Gegenströmung Kraft gewann und sie zur Umkehr zwang.

Anderthalb Jahrhunderte zuvor, wo das eben erst gewonnene Belgrad den westlichsten Stützpunkt der türkischen Macht bildete, war das Vorgreifen bis Wien ein tollkühnes Unternehmen; selbst wenn Suleiman den Platz genommen, hätte er ihn nicht behaupten können. Der zweite Versuch war ungleich gefährlicher, denn jetzt herrschten die Türken in Ungarn bereits bis gegen Komorn hin, lag die Grenze ihrer Macht nur noch 100 Kilometer von den Thoren Wiens entfernt; jetzt strebten die Türken allen Ernstes an, Wien dauernd ihrem Reiche einzuverleiben.

Daß auch diesmal Wien den Ansturm des Osmanenthums parirte, den dasselbe nachmals nicht hat wiederholen können, daß also für alle Zeit der Jahrhunderte langen Türkengefahr eine Grenze gesetzt war — das ist ein Dienst, der nicht bloß Oesterreich, sondern der Kultur des Abendlandes geleistet worden ist.

Der Kampf um Wien im Jahre 1683 bietet für die Geschichte des Festungskrieges und der Belagerungskunst ein allseitig lehrreiches Beispiel.

Der förmliche Angriff oder die Ceremonial-Attacke ist von den Türken 1683 gegen Wien nach demselben Schema geführt worden, wie es 1667—69 gegen Kandia der Fall gewesen war.

Kandia ist hochberühmt, weil es erst nach einem Widerstande von 28 Monaten kapitulirt hat. Die Möglichkeit dieses langen Widerstandes beruht auf dem Umstande, daß die Republik Venedig, die den Platz vertheidigte, zur See den Türken überlegen war, daß demzufolge der Platz niemals eingeschlossen war und seine Widerstandskraft durch Zufuhr von Mannschaft, Geld und Proviant so oft wie nöthig aufgefrischt werden konnte. Als die Türken mit ihrem Land-Angriffe so weit gediehen waren, daß sie Aussicht hatten, in Kurzem Herren des Hafens zu werden, sah der Kommandant sich alsbald genöthigt, in Unterhandlungen zu treten, um noch unter leidlich günstigen militärischen (wenn auch schweren politischen) Bedingungen den Abschluß des langen Kampfes herbeizuführen.

Wien dagegen war völlig eingeschlossen; es mußte bis zuletzt von seiner ersten Ausstattung an Streitkräften, Kriegsgeräth und Lebensmitteln zehren; nur einzelne Boten zu brieflichem Verkehr haben sich bisweilen glücklich durch den absperrenden Ring geschlichen.

Kandia war ein Platz von unregelmäßiger Grundrißfigur, seine ursprüngliche Umschließung durch spätere Vorbauten in verschiedenartigen Formen erweitert. Die Kehle des Platzes bildete der Seestrand mit dem Hafen. Die Türken führten zwei einander diametral entgegengesetzte Attacken auf die beiden Anschluß-Bastione. Die Beschaffenheit des Geländes und die Grundrißform der Umwallung führten zu zersplitterten unregelmäßigen Angriffs-Arbeiten.

Wien dagegen bot einen sehr gleichmäßigen Umzug. Seine ganz schulmäßig geordneten Fronten mit Bastionen, Ravelins und gedecktem Wege führten zu einem sehr klar disponirten, schulmäßigen Angriffe; keine andere Belagerung bietet ein so reines Bild vom türkischen Typus der Ceremonial-Attacke des 17. Jahrhunderts und deren Haupt-Elementen: Laufgräben, Mineurthätigkeit und Stürmen.

Der förmliche Angriff von Wien im Jahre 1683 steht zugleich an der Schwelle einer neuen Zeit; er fällt zwischen 1673, wo Vauban (vor Mastricht) zum ersten Male die „Parallelen" in seiner Manier zur Anwendung gebracht hatte, und 1688, wo er den Ricochetschuß (vor Philippsburg) zum ersten Male versuchen ließ.

Wien 1683 kann für alle Zeit Lehrern wie Lernenden als Musterbeispiel, als Paradigma des vor-Vaubanschen, insbesondere des türkischen förmlichen Angriffs dienen.

Die Wichtigkeit dessen, was in den Sommermonaten des Jahres 1683 in und bei Wien geschehen, ist von den Zeitgenossen sofort gewürdigt; die Ereignisse sind von Augenzeugen und Theilnehmern, vom bürgerlichen wie vom militärischen Standpunkte, geschildert worden; zwei Ingenieure der Garnison — Anguissola und Camucci — haben unmittelbar nach dem Abzuge der Türken die Angriffs-Arbeiten aufgenommen; für den Anmarsch des

Entsatzes und die Entsatz-Schlacht geben Pläne (von Hallart) Aufschluß.

Eine fleißige Darstellung aus neuerer Zeit enthalten die „Gedenkblätter aus der Geschichte des k. k. Heeres. Von Quirin Leitner, k. k. Oberlieutenant"; daraus in Streffleurs österr. militär. Zeitschrift: „Belagerung von Wien", Jahrgang 1863, Band I, Seite 227 u. f.

Das reiche Material, sowohl das zum Druck gelangte, wie das in den Archiven verborgene, ist neuerdings in der historischen Abtheilung des österreichischen Generalstabes zu einer Denk- und Festschrift: „Das Kriegsjahr 1683" verarbeitet, und diese in den „Mittheilungen des k. k. Kriegs-Archivs" veröffentlicht worden.

Die verdienstliche Arbeit wird in die Hände Vieler kommen, aber nicht Aller; namentlich der Nicht-Oesterreicher. Mancher wird auch nicht Zeit haben, sich durch die umfangreiche Darstellung durchzuarbeiten, in deren weiten Rahmen viele Einzelheiten eingeschlossen sind, die nicht allgemeines Interesse haben.

Wenn die vorliegende Darstellung nichts als ein Auszug jener umfangreichen wäre, würde ihr Verfasser sie als ein bequemes Orientirungsmittel seinen Lesern empfehlen zu dürfen glauben; er hofft jedoch, nicht nur mechanisch extrahirt, sondern selbstthätig verarbeitet und das, was oben hervorgehoben ist, nachgewiesen zu haben:

Belagerung und Entsatz von Wien sind das beste Beispiel für das Studium der Geschichte des Festungskrieges, bezüglich des vor-Baubanschen förmlichen Angriffs, insbesondere wie derselbe bei den Türken zur Ausbildung gelangt ist.

Der Kampf um Wien.

Inhalts-Uebersicht.

		Seite
	Einleitung	1
1.	Oesterreich und seine Feinde in West und Ost	7
2.	Politisch-militärische Vorbereitung zum Türkenkriege	9
3.	Der türkische Kriegsplan	11
4.	Neuhäusel. Die Stellung bei Raab	11
5.	Der Rückmarsch zur Sicherung von Wien	12
6.	Zustände in Wien vom 7. bis 13. Juli	13
7.	Die Aufgaben der im Felde stehenden Kaiserlichen	16
8.	Gegen Tököly nach Presburg	17
9.	Die Hilfe vom Reich	19
10.	Der Kurfürst von Brandenburg	19
11.	Der polnische Zuzug	25
12.	Befestigung und Ortslage von Wien	26
13.	Die leitenden Persönlichkeiten und die Besatzung	30
14.	Das Eintreffen des Belagerers; das Niederbrennen der Vorstädte	32
15.	Das türkische Lager und die türkischen Truppen; ihre Organisation und Bewaffnung	33
16.	Räumung der Tabor-Au. Der Ring geschlossen	35
17.	Die Wahl der Angriffsfront	36
18.	Beginn der Angriffs-Arbeiten	37
19.	Charakteristik des in Europa im 17. Jahrhundert üblichen förmlichen Angriffs	38
20.	Die Eigenart des türkischen förmlichen Angriffs und die specielle Gestaltung des gegen Wien geführten, unter vergleichender Bezugnahme auf Kandia 1669	40
21.	Türkische Batterien	34
22.	Die Bedeutung des türkischen Mineurs für den oberirdischen Angriff und für die Breschlegung. Wechselwirkung zwischen Sappeur, Mineur und dem Stürmen	41

Seite
23. Der Neben-Angriff gegen die Donau-Front 45
24. Der Kampf um den gedeckten Weg der Haupt-Angriffsfront (23. Juli bis 6. August) 46
25. Der Kampf um das Festsetzen im Graben (7. bis 12. August) 50
26. Der Kampf um das Burg-Ravelin; erste Periode (12. bis 26. August) 50
27. Beginn der Unternehmungen gegen die Angriffs-Bastione; Fortsetzung des Kampfes um den Graben 52
28. Der Fall des Burg-Ravelins am 3. September 53
29. Nächste Aussichten des Platzes. Breschen. Abschnitte. Hoffnung auf Entsatz. 54
30. Das Mineurwesen, die schwache Seite der Vertheidigung. Vergleich mit Kandia. Der Mineur des 17. Jahrhunderts 55
31. Breschlegung in der Burg-Bastei am 4. September 58
32. Breschlegung in der Löbl-Bastei am 6. September 59
33. Die Türken Herren des Grabens; der Mineur an der Kurtine am 9. September 59
34. Das Ende der Belagerung 59

35. Das Operationsfeld für den Entsatz 60
36. Alternative: Ueber Presburg oder über den Wiener Wald? 62
37. Türkisches Verhalten: Klosterneuburg; Gefecht am Bisamberge; Unthätigkeit im Wiener Walde 63
38. Der Herzog von Lothringen und der König von Polen . . 64
39. Der Entsatz auf dem Tullner Feld; die Türken am Südfuße des Wiener Waldes 65
40. Der erste Marschtag, 10. September 66
41. Der zweite Marschtag, 11. September 67
42. Der Schlachtplan 68
43. Der Schlachttag (12. September) bis zum Nachmittage . . 69
44. Die Entscheidung 71
45. Sobieski in Wien 73
46. Ausnutzung des Sieges. Einnahme von Gran 74
47. Das Ende des Feindes 76

Der Kampf um Wien.

1.

Leopold von Oesterreich, deutscher Kaiser seit 1658, und als solcher der erste seines Namens, wäre gern ein Friedensfürst gewesen und hätte bei wissenschaftlicher Beschäftigung, bei Pflege der Musik und in Frömmigkeit ein beschauliches Leben geführt, wenn die bösen Nachbarn rechts und links ihm Ruhe und Frieden gegönnt hätten: im Westen Ludwig XIV., im Osten Ungarn und die Türken.

Mit Ludwig war der Kaiser von 1673—78 in Krieg verwickelt gewesen; der Friede von Nimwegen, für jenen unverdient günstig ausgefallen, war nur eine wenig Dauer versprechende Pause; Ludwigs Herrschsucht und Ländergier führten neue Verwickelungen herbei. Die Verletzung der Friedensabmachungen durch Nichtherausgabe vieler Städte, die berüchtigten Reunionskammern, die absolut rechtswidrige, gewaltsame Besitznahme von Straßburg — alles das konnte der große Despot, der „l'état c'est moi", sich zunächst erlauben, weil die Geschädigten schwach, uneins, unentschlossen waren. Es sollte noch fünf Jahre dauern, bis endlich, auf Wilhelms von Oranien Anregung, der Kaiser, das Reich, England, Holland, später noch Spanien und Savoyen zum Coalitionskriege (1688—97) sich ermannten.

In dem Jahre, mit dem wir uns beschäftigen, war nicht Krieg mit Ludwig, aber er drohte, er konnte jeden Augenblick wieder ausbrechen, denn der gierige Landverschlinger war noch nicht satt. Ludwig hatte wohl auch seinen Jugendtraum nicht vergessen, den Traum von der Wiederholung dessen, was Karl dem Fünften zu Theil geworden war: zum heimischen Königthum die deutsche Kaiserwürde! Leopold, der zwei Jahre jünger war als Ludwig, hatte als Sohn des vorigen Kaisers, wenn auch nicht das Reichsgesetz, so doch das Herkommen für sich, und es ist kaum zu verstehen, wie Ludwig es für möglich hat halten können, daß ihm die deutsche Kaiserkrone erreichbar sei. Doch wird dieses Streben ihm nachgesagt, und daß aus diesem Mißerfolge sein persönlicher Haß gegen Leopold und das Reich entstanden sei.

Während der Kaiser besorgt nach Westen zu blicken allen Anlaß hatte, beunruhigte ihn im Osten die Unbotmäßigkeit der Ungarn. Die magyarischen Magnaten waren zum Theil Protestanten; diese empfanden zwiefache Antipathie gegen die deutschen und katholischen Habsburger, die ihre Herren sein wollten. Anknüpfungen mit den Türken, in dem Bestreben, ihr Land von Oesterreich wieder loszureißen, hatten 1671 vier ungarische Grafen auf das Schaffot geführt; diese Strenge hatte aber weder geschreckt noch beruhigt; neuerdings, im Jahre 1682, hatte Graf Emmerich Tököly in offenem Aufruhr sich an die Spitze der Unzufriedenen gestellt; er war zur Zeit Herr in einem großen Theile von Ober-Ungarn, ja, er bedrohte die Grenzgebiete von Mähren und Schlesien.

Mit der Türkei hatte Oesterreich seit dem 1664 zu Vasvár geschlossenen Vertrage Frieden; richtiger: zwanzigjährigen Waffenstillstand, denn Frieden zu schließen mit dem nicht völlig unterjochten Ungläubigen gestattet der Koran nicht.

Das Osmanenreich regierte damals dem Namen nach Mohammed IV., thatsächlich — seit 1676 — der Großwesir Kara Mustafa. Derselbe war überaus prachtliebend; um diesen Hang befriedigen zu können, habsüchtig, ehrgeizig und ein Christenhasser. Er war kein Feldherr, schmiedete aber große Kriegspläne. Mit Rußland hatte er 1677 angebunden, aber 1681 einen ungünstigen Waffenstillstand schließen müssen. Jetzt wendete er seinen Blick auf Oesterreich. Hier begegnete er dem Blick Ludwigs von Frankreich. So braute sich ein schweres Wetter gegen Leopold; der eine Wettermacher saß am goldenen Horn, der andere auf seiner Zauberinsel in Versailles.

In der Wiener Hofburg wollte man lange nichts merken. Dem Kaiser lag zumal der spanische Gesandte in den Ohren. Diesen kümmerten die Türken nicht, wohl aber die Verwickelungen, die bei ihm daheim von Ludwig zu gewärtigen waren; darum lag ihm daran, des Kaisers Aufmerksamkeit im Westen zu fesseln und ihn die Wolken nicht sehen zu lassen, die im Osten aufstiegen. Der Kaiser schickte einen besonderen Gesandten nach Konstantinopel, der über die Verlängerung des Waffenstillstandes unterhandeln sollte. Derselbe wurde mit zweideutigen Reden hingehalten, bis es dem Großwesir Zeit schien, die Maske abzuwerfen. Dies geschah in den ersten Tagen des Jahres 1683.

Nun hatte es Oesterreich eilig mit dem Rüsten! Seine Heeresmacht war gering, viel neues, ungeübtes Volk; an Geld war kein Ueberfluß, an Kriegsbedarf auch nicht; Verbündete hatte der Kaiser augenblicklich nicht.

Nach Adrianopel aber, wo der Kriegsruf erscholl, zogen aus Europa, Asien und Afrika die Streiter des Islam.

Von Adrianopel nach Wien ist es — in der Luftlinie — fast genau so weit, wie von Wien oder Berlin nach Paris, etwa 120 geographische Meilen; aber die türkische Grenze lag im Jahre 1683 nur 100 Kilometer von Wien; nur ein Neuntel der Entfernung von Adrianopel.

Wie ein Blick auf unsere kleine Uebersichtskarte (Fig. 3 des beiliegenden Blattes) zeigt, war Gran an der Mündung des gleichnamigen linksseitigen Donau-Zuflusses die vorderste türkische Festung; die Grenze überschritt den Bakonywald und reichte an der Donau bis nahe vor Komorn. Auf dem linken (nördlichen) Stromufer erstreckte sich zwischen Waag und Neutra eine türkische Enklave mit dem festen Punkte Neuhäusel.

Auf der österreichischen Seite deckten Raab, Komorn, Sered und Leopoldstadt die Grenze. Zwischen dieser und Wien lag Presburg mit einem festen Schlosse, aber weitab von der natürlichen türkischen Operationslinie. Diese führte von Esseg (an der Drau, unfern deren Mündung in die Donau, 29 Meilen südlich von Ofen), den langen rechten Winkel des Stromlaufes abschneidend, somit Ofen, Gran, Komorn zur Seite lassend, über Stuhlweißenburg auf Raab und Wien.

So weit war vorauszusehen, was die Türken zunächst vornehmen würden, und der Hofkriegsrath in Wien hatte demgemäß seine strategischen Entschlüsse zu fassen.

2.

Oesterreich war augenblicklich auf sich selbst angewiesen. Das Reich war um Hilfe angegangen, und der Reichstag in Regensburg berieth einstweilen. Mit Polen war ein Bündniß geschlossen.

Sobieski, seit 1674 als Johann III. König von Polen, war ein überaus werthvoller Bundesgenosse. Er konnte nicht nur eine ansehnliche Streitmacht stellen, er war auch persönlich ein einsichtiger, tapferer und erprobter Führer, der seine Erwählung zum Könige hauptsächlich seinen siegreichen Unternehmungen gegen die Türken zu danken hatte. Zehn Jahre zuvor (11. November 1663) hatte er als Krongroßfeldherr und Wojewode von Krakau die Türken bei Choczim besiegt und ihnen einen Verlust von 28 000 Mann beigebracht.

Sobieski für seine Person war unbedingt zur kräftigsten Unterstützung des bedrohten Oesterreich bereit; hieß das doch auch nur dem Nachbar beispringen in einer Gefahr, die andern Tages ihm selber drohen konnte. Die Bündnißangelegenheit ging gleichwohl nicht ganz glatt von statten. Man muß von vornherein das in Prosa und in Versen viel gefeierte Zuhilfeeilen Sobieskis nicht zu poetisch als eine That selbstloser Ritterlichkeit und Christlichkeit sich vorstellen. Es war Politik, Diplomatie, Intrigue — hier wie überall, und an Gegenströmungen, die von Versailles ausgingen, fehlte es in Warschau keineswegs. Die nunmehrige Königin von Polen, zuvor Wittwe eines Wojewoden, war von Geburt Französin, Tochter eines Marquis.

Der Kaiser stellte seine Streitmacht unter den Oberbefehl des bisherigen Statthalters von Tyrol, des Herzogs von Lothringen, der sich als solcher Karl V. nennen durfte, einstweilen aber ein Herzog ohne Land war, da dieses Ludwig von Frankreich in seiner räuberischen Hand hielt.

Der Herzog, zur Zeit 40 Jahre alt, war Jugendfreund und Erziehungsgenosse des Kaisers und mit einer Schwester desselben, der Wittwe von Sobieskis Vorgänger, vermählt. Er war ein tüchtiger Mann und kriegserfahren.

Die kaiserliche Streitmacht wurde halbwegs zwischen Wien und der Grenze, bei Kittsee, unweit Presburg, zusammengezogen. Am 6. Mai 1683 wurde daselbst ein feierlicher Feldgottesdienst und dann durch den Kaiser Heerschau abgehalten. Es waren ungefähr 40 000 Streitbare versammelt.

Es war beschlossen, die Waag- und Raablinie — Komorn als Stützpunkt in der Mitte — zu besetzen, auch, wenn es thunsich schiene, einen Vorstoß zu versuchen und sich der türkischen Grenzplätze Gran und Neuhäusel, oder doch eines derselben zu bemächtigen.

Der König von Polen war ersucht worden, durch eine seitliche Vorwärtsbewegung gegen Siebenbürgen die Aufmerksamkeit der Türken womöglich zu theilen.

3.

Die türkische Streitmacht hatte in Belgrad Station gemacht. Hier wurde türkischerseits der Feldzugsplan berathen. Auch Tölöly, der ungarische Rebellenführer, saß in diesem Rathe. Er war Bundesgenosse der Türkei; er verhandelte aber auch gleichzeitig durch Mittelspersonen mit der österreichischen Regierung. Er war für beide Parteien von Werth, und es erklärt sich, daß er temporisirte, weil er sich auf die Seite des Meistbietenden schlagen wollte. Sein Rath war aber auch ohne selbstsüchtige Motive ein strategisch gerechtfertigter, als er empfahl, sich für dieses Jahr mit der Festsetzung in Ungarn zu begnügen. Auch des Großwesirs nächstälteste Heerführer sprachen sich für eine solide Operationsbasis aus. Kara Mustafa aber drängte vorwärts; er gab zuletzt kraft der ihm vom Sultan bewilligten uneingeschränkten Vollmacht den Ausschlag, und der Vormarsch begann, als dessen Ziel von vornherein der Großwesir sich Wien ersehen hatte.

Die österreichische Heeresleitung hatte sich inzwischen überlegt, daß Gran — 45 Kilometer östlich von Komorn — bedenklich weit in die Machtsphäre des heranziehenden Gegners reiche, und beschlossen, es mit Neuhäusel zu versuchen.

4.

Das Unternehmen entwickelte sich Anfang Juni ziemlich langsam und lahm. Cernirung fand statt, mit Laufgräben und Batteriebau wurde ein Anfang gemacht; als aber die erbetenen Verstärkungen an Angriffsmitteln nicht gewährt wurden und die Türken inzwischen Zeit gehabt hatten, ohne sich sehr zu beeilen, in bedenkliche Nähe zu gelangen, wurde der Versuch auf Neuhäusel abgebrochen.

Aus der Anmarschrichtung des Feindes folgerte man österreichischerseits noch nicht, daß es sofort auf Wien gemünzt sei; man glaubte, daß es zunächst Raab gälte.

Am 25. Juni nahm daher der Herzog von Lothringen Stellung: seinen linken Flügel an Raab lehnend, den rechten durch den Raabfluß gesichert, den weiter aufwärts detachirte kaiserliche Streitkräfte besetzt hielten und halten sollten.

Am 1. Juli trafen die Türken der kaiserlichen Stellung gegenüber ein.

Nun konnte der Herzog mit eigenen Augen sehen und nachzählen, daß die bisherigen Nachrichten von der gewaltigen Heeresmacht der Türken nicht übertrieben gewesen waren.

280 000 Mann befehligte der Großwesir, und der Herzog hatte in der Stellung bei Raab nur 12 500 Mann Fußvolk und 9500 Reiter, zusammen 22 000 Mann.

Daß der Herzog überhaupt Stellung bei Raab genommen hatte, Stellung unter Umständen, die nicht daran denken ließen, einen Angriff der Türken abzuwarten, der zum Verderben hätte führen müssen — läßt sich nur als Manöver, als Schachzug erklären, als Mittel, dem Feinde Aufenthalt, wenn auch noch so kurzen, zu bereiten.

Gering war der Zeitgewinn allerdings, denn noch auf dem Wege von Stuhlweißenburg nach Raab hatte der Großwesir 20 000 tatarische Reiter gegen den Raabfluß links abschwenken lassen.

Die Vertheidigung dieser Linie war vom Herzoge nächst zwei deutschen Regimentern einigen Tausend für zuverlässig gehaltenen Ungarn unter Bathyány anvertraut worden. Dieser erklärte sich jetzt plötzlich für Tököly, griff die Deutschen an, zersprengte sie und gab den Fluß den Tataren preis.

5.

Daß Raab gefährdet sei, war unverkennbar; ob die Türken es ernstlich angreifen würden, konnte man augenblicklich noch nicht mit Sicherheit erkennen, mußte sich aber darauf gefaßt machen; daß aber der Feind im Sinne habe, sofort und ohne Aufenthalt auch auf Wien loszugehen, war gleichfalls nicht mehr zu verkennen.

Den Strategen die Beurtheilung der augenblicklichen Kriegslage überlassend, berichten wir nur, was der Herzog von Lothringen gethan hat.

Die Besatzung von Raab erhielt 6 Kompagnien Verstärkung; das Fußvolk, unter Leslies Befehl gestellt, wurde angewiesen, auf der Schütt (dem von zwei Donauarmen umflossenen, von Raab bis unfern Presburg reichenden inselförmigen Landstrich), den Türken gegenüber beobachtend stehen zu bleiben, bis deren Absichten in Bezug auf Raab unzweifelhaft erkannt sein würden.

Der Herzog selbst, an der Spitze der Reiterei, schlug den Weg nach Wien auf dem rechten Ufer der Donau und längs der unteren Leitha ein. In der Gegend, wo letztgenannter Fluß seine Richtung ungefähr rechtwinklig ändert, nahm er bei Rohrau von Neuem Stellung. Auf dem Wege dahin waren die Tataren wiederholt in Rücken und linker Flanke erschienen, hatten Angriffe versucht, waren aber abgestoßen worden.

Der Herzog befand sich augenblicklich — 20 Kilometer oberhalb Presburg, zwischen Donau und Leitha — sehr nahe an dem Orte, wo zwei Monate zuvor die Einleitung des Feldzuges mit Feldmesse und Heerschau gefeiert worden war.

Der Großwesir machte es dem Herzoge leicht, sich in Ruhe und Ordnung rückwärts zu bewegen. Er beschäftigte sich mit Raab, sonderte eine Abtheilung von 12 000 Janitscharen zur Einschließung des Platzes ab und setzte sich mit seiner Hauptmacht erst am 7. Juli sehr langsam in Bewegung, der Marschrichtung folgend, die der Herzog eingeschlagen hatte.

Als Letzterer in seinem Lager bei Rohrau volle Aufklärung über die Vornahme des Feindes gewonnen, es als unumstößlich sicher erkannt hatte, daß Wien das Angriffsziel sei, befahl er den Abmarsch der Infanterie auf der Schütt und setzte sich mit der Reiterei ebenfalls wieder in Bewegung.

Am 7. Juli entwickelte sich bei Petronell ein bedeutenderes Gefecht mit den Tataren, die, auf Umwegen vorausgeeilt, einen Hinterhalt gelegt hatten und anfangs Vortheile errangen, schließlich aber doch wieder so zurückgedrängt wurden, daß sie für den Rest des Weges nicht mehr lästig fielen.

6.

Am 8. Juli bei Tagesanbruch erschien die Spitze der kaiserlichen Reiterei vor Wien. Den Tag über zogen die stattlichen Regimenter, in trefflicher Haltung und unter Trompeten- und Paukenklang, bei St. Marcus herein und durch die Stadt auf die Tabor-Au, die große Donau-Insel, auf welche Wien nur mit der Vorstadt Leopoldstadt übergreift.

Dieser Augen- und Ohrenschmaus richtete die sehr gesunkenen Geister der Wiener mächtig auf.

Bis dahin hatten in der Stadt große Angst und Bestürzung geherrscht, namentlich in den letzten 24 Stunden, wo die im ersten Anprall der Tataren bei Petronell Versprengten hereingekommen waren und (wie in solchen Fällen gewöhnlich) ihr persönliches Verhalten mit der Nachricht von einer vernichtenden Niederlage entschuldigt hatten. Vom kaiserlichen Fußvolk hatte man keine Nachricht; es galt gleichfalls für vernichtet. Und wie war der Platz beschaffen, um dessen Wälle von Stein und Erde nun keine Feldarmee mehr einen stärkeren, lebenden Vorwall ziehen konnte?

Man hatte auf die Grenzfestungen vertraut; sie hatten die Wellenbrecher für die türkische Sturmfluth sein sollen! Und nun nahm diese geradaus ihren Weg, kümmerte sich wenig um Komorn, Sered, Leopoldstadt, Presburg, die weitab rechts seitwärts lagen, nicht einmal um Raab, das auf dem geraden Wege lag, aber nicht für einen Schlagbaum geachtet wurde, der ein Heer von mehr als 200 000 Mann aufhalten dürfe ... sie wälzte sich heran, die türkische Sturmfluth, langsam, bedächtig, unaufhaltsam!

Sie wälzte sich auf Wien, es war kein Zweifel mehr! Und wie kriegsunbereit lag Wien da!

Ein Gürtel von elf stattlichen Basteien und Fronten umgab freilich die alte innere Stadt, aber dicht um dieselbe lag ein breiterer Gürtel blühender Vorstädte — unbefestigt, unbeschützt! Die Basteien waren nicht aufs beste in baulicher Pflege gehalten; die breiten, tiefen, trockenen Gräben waren nicht überall regulirt; auf den Wällen stand kein Geschütz, lag keine Bettung; der gedeckte Weg war offen, ohne Pallisadirung; die Besatzung bestand aus der gewöhnlichen Stadt-Guardia nach der Sitte der Zeit, d. h. einer Anzahl von Berufssoldaten, die aber keinen andern Beruf hatten und ihrer geringen Kopfzahl wegen auch nichts weiter leisten konnten, als die täglichen Wachen an den Thoren und an wichtigen Gebäuden zu stellen und bei etwaigen Tumulten einzuschreiten — eigentlich nur Polizeisoldaten!

Daß unter solchen Umständen vom 7. bis zum 8. Juli 1683 in dem geängstigten Wien Schreck und Rathlosigkeit herrschten, ist sehr begreiflich. Ein großer Theil der Bewohner — die Zahl wird auf 60 000 angegeben — raffte seine fahrende Habe zusammen und flüchtete aus der Stadt, meistens nach Westen und Südwesten, den Schutz von Wald und Berg aufsuchend. Viele sind da den streifenden Tataren in die Hände gefallen und ihrer Habe, der Freiheit, des Lebens verlustig gegangen.

Daß auch der Kaiser mit seiner Familie und den obersten Regierungsbehörden die bedrohte Stadt verließ, war ohne Frage eine politische Nothwendigkeit; aber die Bewohnerschaft sah darin das äußerste Kennzeichen der Gefahr, die den Bleibenden bevorstand.

Wie mag da am frühen Morgen des 8. das Schmettern der kaiserlichen Trompeten tröstlich und ermuthigend in die Ohren geklungen haben!

An demselben Tage kam auch schon Nachricht, daß Leslie, der, die Lage richtig würdigend, ohne Befehl abzuwarten aus der Schütt aufgebrochen war, das kaiserliche Fußvolk heranführe.

An demselben Tage traf auch der General-Feldzeugmeister Graf Rüdiger von Starhemberg ein, der vom Kaiser zum Kommandanten von Wien bestimmt war. Sein Ruf als erfahrener, kluger und energischer Heerführer, seine mannhafte Persönlichkeit und seine Beredsamkeit förderten den Umschwung der Stimmung in der Stadt. Starhemberg und Liebenberg, der muthige Kommandant und der muthige Bürgermeister, bestärkten, befeuerten die muthigen Bürger, die ja ein gutes Zeugniß für sich schon dadurch abgelegt hatten, daß sie am vorigen Tage nicht mit den Anderen davongegangen waren; Viele, die nur aus Unschlüssigkeit, aus Mangel an Beförderungsmitteln, überhaupt aus kleinlichen Gründen geblieben sein mochten, rafften sich jetzt auf und wurden auch gehobenen Muthes.

Alle, die in der Stadt waren: Bürger und Volk, Meister und Gesellen, Kaufleute und Studenten, selbst die Mönche in den Klöstern — konnten ihren guten Willen sofort mit der That beweisen. Denn bevor der Feind vor den Thoren erschien, war noch sehr viel zu thun; bevor vertheidigt werden konnte, mußte die Festung in Vertheidigungszustand gesetzt, mußte geschanzt und gepflanzt werden — Schanzen in die schlecht vertheidigten Gräben, das Geschütz auf die Wälle, Pallisaden in den gedeckten Weg.

So war die nächste Woche eine arbeitsvolle, dem Empfange des Feindes gewidmete.

Am 14. Juli hatte die Hauptmacht der Türken die Schwechat, den nächsten Donau-Zufluß unterhalb der Stadt, überschritten und entwickelte sich nun auf dem zum Lagerplatze ausersehenen Theile des Vorfeldes im Südwesten des Platzes vom Wienfluß bis zum Alserbache.

An demselben Tage Abends rückten von Südosten her die letzten für Wien bestimmten kaiserlichen Fußtruppen in den Platz, der nunmehr eine Besatzung von 10 000 bis 12 000 Mann gewonnen hatte.

Für die nächsten zwei Monate theilt sich das Interesse in das für das außerhalb und das für das innerhalb der belagerten Festung Geschehene; dort das allgemein militärisch-politische, hier das speciell befestigungs-kriegsgeschichtliche.

Da es im Plane dieser Darstellung liegt, das letztere vorzugsweise zu berücksichtigen, so wird es zweckmäßig sein, das erstere voraus zu befriedigen; der Zustand des Platzes wird sich lebhafter darstellen und nachempfinden lassen, wenn man bereits über das aufgeklärt ist, was inzwischen draußen geschah, und erkannt hat, warum die Belagerten so lange auf Entsatz haben warten müssen.

7.

Daß es zur Belagerung von Wien kam, hatte nicht verhindert werden können.

Ob die Promenade längs der Donau, 100 Kilometer stromab und wieder stromauf, nothwendig gewesen ist oder nicht, mögen die Strategen ausmachen. Sie hatte beide Parteien in Berührungen ohne besondere Bedeutung gebracht; auch einige Verluste auf beiden Seiten; beiderseits nicht empfindliche, jedenfalls für die Türken ganz unmerkliche. Aufgehalten sind die Türken nicht worden; sie rückten so wie so nur langsam vor; der große Troß machte die Hauptmasse schwer beweglich. Um so beweglicher waren die tatarischen Reiter; sie waren auch diesmal, was der Volksmund sie nannte: Renner und Brenner; daran vermochte auch die kaiserliche Reiterei, so tüchtig sie war, nichts zu ändern.

Taktisch haben die kaiserlichen Truppen durch das zehnwöchentliche Vorspiel des Hin- und Rückmarsches zwischen Wien und Gran unzweifelhaft gewonnen; es war für alle Betheiligten eine lehrreiche Marsch- und Exercir-Uebung, für Viele bereits eine Kriegserfahrung geworden; Mannschaft und Führer hatten sich kennen und einander vertrauen gelernt.

War der Residenz des Kaisers, der Hauptstadt des Landes, nicht zu ersparen gewesen, daß sie das Schicksal der Festungen erfuhr, so war doch alles Sinnen darauf gerichtet, diese schwere Prüfung so kurz wie möglich zu machen; an das Wort „Belagerung", dessen Verwirklichung nicht zu verhindern gewesen war, fügte man das Wort „Entsatz", den man hoffte, bald hoffte, das man dem belagerten Wien ermuthigend zurief, als man ihm nothgedrungen einstweilen den Rücken wendete und es sich selbst überließ.

Den Entsatz taktisch-strategisch vorzubereiten, Wege und Sammelplätze auszuwählen und vor feindlichen Störungen zu sichern, war eine der Aufgaben, die dem Herzoge von Lothringen oblagen. Er sollte aber mit den ihm für Operationen im freien Felde verfügbar gebliebenen recht mäßigen Kräften die Türken nach Möglichkeit überhaupt hindern, sich im weiteren Umkreise im Lande zu verbreiten. Der Kaiser, der sich zuerst nach Linz und dann nach Passau (30 Meilen westlich von Wien) zurückgezogen hatte, empfahl ihm wiederholt aufs dringendste den Schutz der „Erblande". Außerdem sollte der Herzog aber auch Tölöly in Schach halten.

Tölölys Reiter waren für die Orte, wo sie als Feinde erschienen, kaum weniger gefürchtete Gäste als ihre Vettern, die Tataren. Hunnen, Ungarn, Tataren — zu verschiedenen Zeiten dasselbe Schrecken und Verderben, das aus Asien über Ost- und Mitteleuropa hereingebrochen ist!

So hatten auch jetzt — wie auf dem rechten Donau-Ufer Oesterreich und Steiermark von den Tataren, so auf dem linken Mähren und Schlesien von den Reitern Tölölys, des „Kuruzen-Königs", zu fürchten.

Dem Letzteren gegenüber kam es vor Allem darauf an, ihn zu hindern, daß er sich des wichtigen Donauübergangspunktes Pressburg bemächtige.

8.

Bei Pressburg treten von beiden Seiten Berge an die Donau und bilden eine Querscheidewand in dem weiten Thalbecken des Stromes, die einzige zwischen Wien und dem türkischen Gebiete, einen Riegel in der Operationslinie der türkischen Hauptarmee. Da Raab noch in Feindeshand war, hatte die Etappe Preßburg für das türkische Heer die größte Wichtigkeit. In Ober-Ungarn auf dem linken Donau-Ufer war Tököly fast im Besitz des Landes; wenn er Preßburg und den Donauübergang gewann und behauptete, war die Verbindung mit dem türkischen Machtbereich auf dem rechten Stromufer, mit der Nachschub- und schlimmstenfalls Rückzugslinie der Invasion ganz sichergestellt.

Tököly hatte 20000 Mann zur Verfügung; darunter 6000 Türken, die der Großwesir hatte zu ihm stoßen lassen. Der kürzere Weg gestattete seinen Truppen, zuerst in Preßburg zu sein, wo dieselben übel hausten. Als der Herzog herangekommen war, konnten sie dem besser geschulten, wuchtigen Angriffe der Kaiserlichen nicht widerstehen. Das „Gefecht bei Preßburg" am 29. Juli war ein so entschiedener Sieg der kaiserlichen Waffen, daß die Streitmacht Tökölys, völlig zersprengt, fürs Erste nicht ferner zu fürchten war.

Seinen Vortheil zu verfolgen, Preßburg fest und stark besetzt zu halten, versagte sich der Herzog in weiser Abwägung aller Aufgaben, die ihm oblagen, und der Mittel, die ihm zu Gebote standen. Er begnügte sich, die Bürger, die sich schwankend benommen, ja zum Theil Tököly zugeneigt hatten, durch strenges Auftreten und Drohen einzuschüchtern, und ihnen das Versprechen abzunehmen, daß sie eintretendenfalls treuer zum Kaiser stehen wollten.

Schon am 30. Juli trat der Herzog seinen Rückmarsch von Preßburg an und nahm Stellung bei Angern und Stillfried an der March, 30 km nördlich der Donau, 50 km nordöstlich von Wien. Er konnte von hier aus gleich schnell sich wieder nach Preßburg oder nach Wien wenden, deckte Mähren, und hatte sich Schlesien genähert, von woher die ersehnte polnische Hilfe kommen sollte.

Bei seinem Abmarsche gegen Preßburg hatte der Herzog bei Wien auf dem linken (mährischen) Ufer der Donau eine Abtheilung zurückgelassen, der es einstweilen noch immer gelang, die von unterstrom her (bei Ebersdorf und Schwechat) übersetzenden und fouragirend streifenden Türken an der dauernden Besitznahme dieses Ufers zu hindern. Auf der Tabor-Au, zwischen den Donau-Armen, waren die Türken Herren. Eingeschlossen war also Wien, aber der Einschließungsring war auf der mährischen Seite sehr schmal.

9.

Wir haben bereits erwähnt, daß inzwischen der Reichstag (der seit 1663 nicht mehr zeitweise und ortswechselnd, und unter Vorsitz des Kaisers, sondern in Regensburg in Permanenz tagte) berieth. Daß das Reich bei drohender Türkengefahr eine Streitmacht aufzustellen verpflichtet sei, stand im Prinzip durch Reichsgesetz fest; aber die näheren Bestimmungen, der Antheil der einzelnen Stände, waren im gegebenen Falle erst durch Vereinbarung festzustellen. Des Kaisers Macht und Ansehn im heiligen römischen Reich waren ja leider im Flusse der Zeiten mehr und mehr zu einer politischen Fiction verblaßt; mit den Großen und Mächtigen, die längst nicht mehr seine Vasallen waren, mußte der Kaiser paktiren wie mit fremden Souveränen.

Der Kurfürst von Bayern, der freilich als nächster Nachbar das meiste Interesse hatte, den Brand löschen zu helfen, den der Erbfeind gelegt hatte, verpflichtete sich zuerst und ohne den Reichsbeschluß abzuwarten durch besondere "Capitulation" zur Hilfsleistung mit 4800 Mann und 3400 Reitern (unter Kommando des bayerischen Generalfeldmarschall-Lieutenants v. Degenfeld). Es gab noch langes und schwieriges Unterhandeln und Feilschen über Verpflegungs- und Kommando-Verhältnisse, und Mitte August kam heran, bis die bayerische Hilfe bei Krems an der Donau, 60 km oberhalb Wien — gleichwohl die erste —, eingetroffen war.

Den Bayern folgten bald die salzburgisch-württembergisch-fränkischen Hilfsvölker, 7000 Mann und 2000 Reiter, unter dem Reichs-Feldmarschall Fürsten von Waldeck.

Den dritten Succurs führte der Kurfürst von Sachsen persönlich herzu, gleichfalls 7000 Mann und 2000 Reiter. Er traf am 3. September bei Meissau, 27 km nordöstlich von Krems, ein.

10.

Dies war die Hilfe vom Reiche.

Kur-Brandenburg fehlt in der Liste.

Diese Negativanzeige kleidet die Schrift "Das Kriegsjahr 1683" in Worte, die wir im Munde des österreichischen Patrioten erklärlich finden. Wir wollen dem Verfasser auch zugestehn, daß er seinen Empfindungen maßvoll Ausdruck gegeben hat. Aber zu kurz, und deshalb nicht so aufllärend, wie der preußische Berichterstatter es wünschen muß. Im Uebrigen durch Plan und Zweck der vorliegenden Darstellung genöthigt, uns ungleich kürzer zu fassen als das genannte Generalstabswerk über 1683, müssen wir bei Kur-Brandenburg und seiner Nichtkonkurrenz mit Kur-Bayern und Kur-Sachsen etwas eingehender uns nach den Beweggründen umsehen.

Wir haben vorhin mit einem gelegentlichen Seitenblicke die Thatsache gestreift, daß des Kaisers Macht und Ansehn im Reiche nur noch ein Schatten war.

In Frankreich hatte die Monarchie gesiegt, sie triumphirte augenblicklich als der unbeschränkte in Ludwig XIV. incarnirte Despotismus. In Deutschland hatten die Organe zweiter Ordnung, die großen Territorialherren, gesiegt; das „Reich" war ein Konglomerat von Monarchien, von bedrohlich großen bis herab zu karrikaturenhaft kleinen. So war der Gang der Geschichte. Was Deutschland darunter zu leiden gehabt, hatten die Lebenden der zweiten Hälfte des 17. Jahrhunderts erfahren, haben ihre Nachkommen gleichfalls erfahren. Die Leiter der deutschen Geschicke blieben doch, die sie waren; die Reichsidee war ein Schatten; alle Worte, die mit „Reich" zusammengesetzt waren: Reichstag, Reichskammergericht, Reichstruppen — bekamen mehr und mehr einen geradezu lächerlichen Beigeschmack.

Wer wollte von den Kaisern aus dem Hause Habsburg verlangen, daß sie allein hätten Idealisten sein und nur für die Reichsidee schwärmen sollen, wo die Kurfürsten nach Macht- und Landgewinn strebten. Auch die Kaiser thaten was sehr erklärlich, sie sorgten für sich und ihre Hausmacht.

So floß damals der Strom der Geschichte; wer gegen ihn hätte schwimmen wollen, wäre ein unpolitischer Kopf, ein unpraktischer Schwärmer gewesen.

Kur-Bayern und Kur-Sachsen hatten schon lange, als Freund wie als Feind, nahezu ebenbürtig neben dem Kaiser gestanden und auf dem Fuße der Gleichheit mit ihm verhandelt; sie waren mächtige Territorialherren, wie er es war durch die österreichischen Erblande; nur den Titel hatte er vor ihnen voraus.

In dem Jahre, wo es sich um die Bedrängniß und Rettung der Hauptstadt von Oesterreich handelte, regierte Kurfürst Friedrich Wilhelm von Brandenburg bereits seit 43 Jahren. Obwohl bei seinem Regierungsantritte erst 20 Jahre alt, hatte er genug gesehen

und sah augenblicklich noch, wohin eine schwache Regierung und
der Mangel an einer eignen Kriegsmacht das arme Land gebracht
hatte. Sein Vater war in seinen politischen Anschauungen
schwankend und unbeständig gewesen, und hatte es mit allen
Parteien verdorben; 21 Jahre des dreißigjährigen Krieges hatte er
nach einander die Truppen aller Kriegführenden die Mark ver-
wüsten lassen; dem Kaiser gegenüber hatte er nichts erreicht, als
daß dieser nichtachtend ihn als keinen politischen Factor ansah,
mit dem man rechnen müsse.

 Friedrich Wilhelm hatte viel aufzurichten. Glücklicherweise
war er die geeignete Persönlichkeit dafür. Er war Organisator,
Heerführer, Politiker. Er hatte die Folgen der Rolle vor Augen,
die Brandenburg im dreißigjährigen Kriege gespielt hatte; er mußte
ein Heer schaffen, sein Land vergrößern, Hilfe und Anlehnung
suchen, wo er sie fand. Unter seinem Vater war durch den
Minister Schwarzenberg das Interesse — nicht des deutschen
Kaisers, sondern Oesterreichs stärker gewahrt worden, als
billig und zeitgemäß war. Friedrich Wilhelm hatte um so mehr
Berechtigung, nach Selbstständigkeit zu streben, als er durch die
Erwerbung von Preußen, das nicht zum deutschen Reiche gehörte,
über den Reichsfürsten hinaus zum europäischen Regenten
erwachsen war.

 Den für die europäische Machtstellung von Brandenburg so
überaus bedeutsamen Besitz des Herzogthums Preußen von dem
Bande der Lehnsherrlichkeit zu befreien und die volle Souveränität
zu erringen, war eine unerläßliche Aufgabe. Wenn der Kurfürst — hauptsächlich um dieses Zweckes willen — erst (gezwungen)
mit Schweden gegen Polen und dann mit Polen (nebst dem Kaiser
und Dänemark) gegen Schweden verbündet war, so ist das freilich
eine That der Interessen-Politik; aber welche Politik wäre keine
Interessen-Politik? Wer Gefühls-Politik treibt, pflegt den Schaden
zu haben und darf für den Spott nicht sorgen.

 Des Kurfürsten Stellung war eine überaus schwierige. Durch
Preußen, welches er unter lästigen Bedingungen besaß und frei
zu besitzen trachten mußte, zugleich durch Pommern, an das er
Erbansprüche hatte, die nicht respektirt wurden, war er zu Konflikten
mit Schweden gedrängt; durch den Landbesitz aus der Kleveschen
Erbschaft wurde er in die Händel zwischen Frankreich und den

Niederlanden gezogen; Schweden und Frankreich aber waren eng verbunden und arbeiteten sich trefflich in die Hände.

Viel gefährlicher noch als für Oesterreich Frankreich und die Türken, waren für Brandenburg-Preußen Frankreich und die Schweden.

Wenn wir in dem vielverschlungenen Gewebe der damaligen europäischen Politik den Beziehungen des Großen Kurfürsten zum Kaiser nachgehen, so stoßen wir in den ersten Jahren seiner Regierung auf die Ueberlassung der Reiterei, die er von seinem Vater überkommen hatte. Diese schwache brandenburgische Kriegsmacht hatte unter der Regierung seines Vaters oder vielmehr des Ministers Schwarzenberg im Jahre 1637 neben dem Kurfürsten dem Kaiser den Eid der Treue geschworen. Dies war ein zweideutiges Verhältniß, das der Kurfürst löste.

Von 1657—60 gehörten Kurfürst wie Kaiser dem Bündnisse gegen Schweden an.

1663 sandte der Kurfürst 2000 Mann zu Hilfe im Türkenkriege, den Leopold damals führte und durch den Waffenstillstand von Vasvár beschloß.

1672, nachdem die alleinstehenden Niederlande von Ludwig XIV. schwer geschädigt waren, und dessen wachsende Macht auch seine anderen östlichen Nachbarn bedrohte, betrieb der Kurfürst, in richtiger Würdigung der Lage, die Vereinigung der Nächstbetheiligten (des Kaisers, Dänemarks, Hessen-Kassels und anderer deutscher Fürsten) mit den Niederlanden. Dieser Bund stand aber auf sehr schwachen Füßen. Fürst Lobkowitz, der thatsächliche Leiter der österreichischen Politik, ist nachmals von seinen Feinden am Hofe geradezu der Verrätherei und des Bestochenseins durch Ludwig XIV. beschuldigt worden. Damit wird man ihm Unrecht gethan haben; er war aber jedenfalls ein kluger Staatsmann, der den Charakter seines Kaisers und die Zerfahrenheit des Reiches zu richtig erkannt hatte, als daß er von der offenen Feindschaft mit Ludwig sich viel Gutes hätte versprechen können. Seinem Einflusse ist es jedenfalls zuzuschreiben, daß die österreichischen Heerführer den Krieg von 1673 am Rhein sehr lau führten und das deutsche Land zu beiden Seiten der Verwüstung durch die französischen Truppen preisgaben. Dies traf auch die westfälischen Provinzen des Kurfürsten von Brandenburg. Man kann unter diesen Umständen es nur natürlich

finden, daß er von einer Verbindung zurücktrat, die der Bundesgenosse so wenig ernst genommen hat.

Friedrich Wilhelm schloß im Juni 1673 den Vertrag von
Vossem, durch den er sich verbindlich machte, fernerhin Frankreich
gegenüber Neutralität zu wahren, sich aber ausdrücklich für den
Fall des Angriffs auf das deutsche Reich seine freie Entschließung
vorbehielt.

Schon 1674 wurde der Kurfürst genöthigt, von diesem Vorbehalt Gebrauch zu machen und als Reichsfürst am Reichskriege
gegen Frankreich theilzunehmen.

Loblowitz war jetzt gestürzt; gleichwohl herrschten nach wie vor
zwischen den Verbündeten (Kaiser und Reich, Holland und Spanien)
Lauigkeit, Eigensucht, Neid und Intriguen. Mehrfache Zusammenstöße, in denen scharf und von deutscher Seite tapfer gekämpft
wurde, hatten schließlich keinen anderen Erfolg, als daß die am
Oberrhein zu gemeinschaftlicher Operation bestimmten Glieder des
Bundes — der Kurfürst und Bournonville, der Führer der Kaiserlichen und Reichstruppen — sich entzweiten und im Januar 1675
über den Rhein zurückgingen; der Kurfürst nach Franken in die
Winterquartiere. Hier störten ihn die Schweden auf, die ihm
Ludwig in den Rücken gehetzt hatte. Das dringendste Gebot der
Selbsterhaltung zwang ihn, seine fernere Mitwirkung auf dem
westlichen Kriegsschauplatze einzustellen und seine ungetheilte Aufmerksamkeit dem nördlichen Feinde zuzuwenden.

Dies beschäftigte ihn vollauf während der nächsten vier Jahre.

Inzwischen ging der Krieg am Rhein seinen Gang. Weniger
die Kriegskunst als die Diplomatie ließen die Einheit des französischen
Interesses über die schlecht gelittene Dreiheit seiner Gegner
triumphiren; zwischen August 1678 und Februar 1679 schlossen
vereinzelt und selbstsüchtig erst Holland, dann Spanien, dann
der Kaiser zu Nimwegen Frieden. Für den Abwesenden —
so wohlentschuldigt seine Abwesenheit auch war — hatte sich
Keiner interessirt, insbesondere der Kaiser nicht. So mußte der
Kurfürst von Brandenburg, der Vierte des jetzt aufgelösten Bundes,
im Juni 1679 in den Ergänzungsfrieden von St. Germain en
Laye willigen, dem zufolge er alle seine mühsam errungenen Vortheile, Schweden gegenüber, herausgeben mußte. Er erhielt nur
300 000 Kronenthaler Entschädigung von Frankreich und die
wenigen Oerter und Zölle, welche Schweden seit dem westfälischen

Frieden in Hinterpommern (östlich der Oder) besessen hatte. Ganz Vorpommern (westlich der Oder) nebst der Insel Rügen und der einzige damals schiffbare Mündungsarm der Oder, die Peene, waren wieder schwedisch! Dieser Besitz der zur Zeit werthvollsten Küstenstrecke der Ostsee in der Hand einer fremden Macht, das köstliche Erbe des großen Gustav Adolf (der neben seiner Glaubensstreiterschaft vortrefflich Interessen-Politik zu treiben verstanden hatte), war eine große Gefahr und eine Schmach — nicht nur für Kur-Brandenburg, sondern für das Deutsche Reich.

Es mag erklärlich sein, daß Leopold vor Allem für sein Oesterreich sorgte; aber eben so erklärlich ist es, daß Friedrich Wilhelm die Empfindung hatte, Jener habe darüber den deutschen Kaiser zu sehr vergessen!

Es kann nicht geleugnet werden, der Große Kurfürst war ein Politiker im Stile seiner Zeit; man kann gegen ihn die Verträge von Labiau, von Wehlau, von Vossem geltend machen, wo er das eigne Staatsinteresse wahrgenommen und über das Zurücktreten von nutzlos oder schädlich gewordenen Bündnissen nicht rigoroser gedacht hatte, als alle seine Zeitgenossen; aber man kann ihm auch nachfühlen und sich erklären, daß er empfunden hat: so im Stich gelassen wie er, sei Keiner — als er den Frieden von St. Germain en Laye unterzeichnen mußte. Damals hat er die Worte citirt, die Virgil der Dido in den Mund legt: „Einst ersteht aus meiner Asche ein Rächer!" und zum Texte der Friedenspredigt den Ausspruch des Psalmisten gewählt: „Es ist gut auf den Herrn vertrauen und sich nicht verlassen auf Fürsten".

An den Frieden von Nimwegen schlossen sich, wie bekannt, neue Gewaltthätigkeiten Ludwigs XIV., deren wir im Eingange schon gedacht haben.

Der Prinz von Oranien brachte endlich einen neuen Bund zwischen den Generalstaaten und Schweden zu Stande, dem sich der Kaiser und die großen deutschen Reichsfürsten anschlossen; der Große Kurfürst lehnte den Beitritt entschieden ab. Von seinen früheren Bundesgenossen verlassen, hatte er sich zu dem Frieden von St. Germain en Laye verstehen müssen; jetzt hielt er dafür an dessen Stipulationen fest und bemühte sich um friedliche Beilegung des Streites zwischen dem deutschen Reiche und Frankreich. Vorausgreifend sei daran erinnert, daß diese Vermittelung 1684 zu einem 20 jährigen Waffenstillstande geführt hat.

Es sei ferner daran erinnert, daß nach dem Entsatze von Wien während der Verfolgung des weichenden Feindes ein brandenburgischer Succurs von 2000 Mann dem Herzoge von Lothringen zugeführt worden ist, und daß 1686 an der Erstürmung von Ofen 8000 Brandenburger mit Auszeichnung theilgenommen haben.

Im Frühjahr 1683 waltete allerdings bei dem Kurfürsten die Verstimmung gegen Leopold vor; darüber, ob sie begründet war oder nicht, werden die Geschichtschreiber hüben und drüben verschiedener Ansicht sein.

Die Aufforderung, gleich den anderen Reichsfürsten Hilfe gegen die Türken zu schicken, beantwortete der Kurfürst von Brandenburg Ende Juli 1683 dahin, daß er bei dem gegenwärtigen Verhältnisse des deutschen Reiches zu Frankreich nicht viel Volk entbehren könne; er müsse erst für Rettung und Sicherheit im eignen Hause sorgen. Falls man mit Frankreich in Ordnung komme, wolle er 15 000 bis 20 000 Mann alter Regimenter zu Hilfe senden.

Die Verhandlungen kamen nicht mehr zum Abschluß.

So ist es gekommen, daß die preußische Armee nicht, gleich der bayerischen und sächsischen, den Kampf um Wien als eigne rühmliche Kriegs=Erinnerung hat verzeichnen können.

11.

Gleichzeitig mit den Sachsen traf der polnische Zuzug — 10 000 Mann und 14 000 Reiter — bei Tulln, 25 km oberhalb Wien an der Donau, ein.

Um dieselbe Zeit, wo die Türken vor Wien eintrafen, traten die Polen von Warschau aus ihren Marsch an. Sehr früh war das nicht, denn schon im Januar hatte die türkische Regierung durch die übliche Formalität — das Ausstecken der Roßschweife vor dem kaiserlichen Palaste zu Adrianopel gegen Ungarn hin — den Krieg erklärt, und alsbald waren österreichischerseits die Unterhandlungen über den Abschluß von Bündnissen eröffnet worden. Man hatte also in Warschau ein halbes Jahr zur Entschließung gebraucht.

Die polnischen Truppen hatten etwa 80 Meilen zurückzulegen und haben dazu etwa 50 Tage gebraucht.

Man sieht — das Herbeieilen des Polenkönigs zur Rettung Wiens ist nicht zu wörtlich zu nehmen.

12.

Wenden wir uns nunmehr zur Belagerung von Wien. Wir müssen zunächst die Festung als solche kennen lernen. Die zur Zeit vorhandene Befestigung war unter dem Eindrucke des Schreckens in Angriff genommen worden, den die türkische Belagerung durch Sultan Suleiman II. im Jahre 1529 erzeugt hatte. Der Platz mit seiner veralteten Mauerbefestigung mußte nothwendig erneuert werden. Die neue Umwallung wurde — wegen zeitweiligen Geldmangels — sehr ruckweise, mit langen Unterbrechungen hergestellt; der Anfang war 1510 gemacht worden, der Schluß erst 1670 erfolgt.

Fig. 1 der beiliegenden Zeichnung giebt ein genügendes Gesammtbild der Lage, das mit wenigen Worten zu vervollständigen ist.

Die Hauptmasse des Donauwassers floß damals durch den östlichen (mährischen) Arm, fern von der Stadt. Dieser Arm mit seinen Spaltungen und Serpentinen ist gegenwärtig durch die im letzten Jahrzehnt zur Vollendung gekommenen geradlegenden Durchstiche gänzlich verwandelt.

Ein viel schmalerer Arm — etwa 12 km lang und von dem mährischen bis zu 4 km sich entfernend — besteht heut wie damals, nur durch Uferbekleidung, Verkehrsanstalten und dergl. modernisirt. Wahrscheinlich weil die Hydrotechnik viel für denselben gethan, heißt dieser ursprünglich natürliche Stromarm jetzt Donau-Kanal. In diesen fließt der Wienfluß. Im Winkel zwischen dem rechten Ufer des Kanals und dem linken des Wienflusses liegt der Kern der Stadt. Nördlich vom Wienflusse, die Stadt durchschneidend (jetzt überwölbt), fließt der Alserbach nebst dem von Ottakring kommenden in den Kanal. Ein Gürtel von Vorstädten, durch die genannten Zuflüsse in Gruppen gesondert, umkränzt die innere Stadt im Süden, Westen und Norden; in der Belagerung von 1683 am wichtigsten sind die westlichen: St. Ulrich und Lehmgruben.

Die von den Donauarmen umschlossene Insel heißt die Tabor-Au; ihr südliches Ende ist der Prater, ihr nördliches die Brigitten-Au; in der Mitte, der Altstadt gegenüber, liegt die Vorstadt Leopoldstadt. Die Verbindung mit dem Marchfelde und Mähren war durch feste Brücken über die Donauarme hergestellt. Befestigt war nur die Altstadt; die Gärten der Vorstädte reichten bis an das Glacis.

Die dermalige Befestigung war von Italienern und in der italienischen Schule gebildeten Deutschen gebaut. Den fortifikatorischen Stil der Werke charakterisirt ausreichend die in Fig. 2 dargestellte Angriffsfront.

Am Donau-Kanal lagen zwei, längs der Wien drei Fronten mit Wassergraben. Die außerdem vorhandenen sechs Landfronten hatten einen trocknen Graben, von welchem berichtet wird, er habe können durch die Bäche (von Hernals und Ottakring) versumpft werden. Ob diese Mittheilung irrthümlich, oder ob die Gelegenheit nur nicht ausgenutzt worden ist, können wir nicht entscheiden; thatsächlich hat der Graben in der Belagerung keine andere Rolle gespielt als die des trocknen.

Die Fronten hatten kleine Ravelins und einen einfachen gedeckten Weg mit eingehenden Waffenplätzen; in oder hinter den meisten Bastionen lagen Kavaliere.

Die fast genau nach Westen sehende Front wurde Angriffsfront. Die Namen der einzelnen Werke dieser, sowie der Kollateralfronten sind aus Fig. 2 zu ersehen. Die gebräuchlichste Bezeichnung der Bastione war damals „Pastey".

Der Abstand der Bastionsspitzen der Angriffsfront scheint rund 500 m, die Länge ihrer Defenslinien (Abstand der Flanke von der Spitze des flankirten Bastions) 400 m betragen zu haben.*) Die Facengräben mögen 50 bis 60 m breit gewesen sein.

Für den Aufzug (das Relief) ergeben sich aus den erhaltenen Darstellungen folgende Maße:

Der gedeckte Weg im natürlichen Terrain; die Glaciscrête 2,5 m darüber; die Kurtinen-Feuerlinie reichlich 6 m über, die

---

*) Die Maße sind von dem Plane entnommen, den Anguissola und Camucci nach der Belagerung angefertigt haben und den „Das Kriegsjahr 1683" reproducirt. Die Maße sind sehr groß. Dem französischen Canon gemäß ist in „Groß-Royal", d. h. in maximo, die äußere Polygonseite = 200 Toisen = 390 m. Nach dem Plane, den Herlin in seiner Gesammtausgabe der Rimpler'schen Schriften mittheilt, würde die Polygonseite sogar rund 600 m gemessen haben. Die Pläne scheinen in Bezug auf Genauigkeit der Abmessungen wenig Vertrauen zu verdienen.

Grabensohle eben so viel unter dem Horizont; das Ravelin etwas niedriger als die Kurtine.

In der Angriffsfront trafen eine der frühesten und eine der spätesten Ausführungen zusammen: die Löbl-Bastei von 1547 und die Burg-Bastei von 1659.

Die Planskizze Fig. 2 zeigt (in schmaleren Linien) vor der Kurtine zwischen Löbl- und Melker-Bastei eine Grabenscheere, vor den beiden anderen Kurtinen Fragmente einer solchen. Es sind dies Unterwälle, die erst bei der Armirung hergestellt worden sind; von denselben wird die Bezeichnung „coffres" gebraucht. „Caponnieren", in Form kleiner stumpfer Fleschen, zeigt der alte Plan zwischen den Kehlpunkten der Ravelins und den Schulterpunkten der Bastione. Es scheinen deren nur 4 angelegt gewesen zu sein, was darauf hinweist, daß sie erst zur Ausführung gekommen sind, als die Angriffsfront gewählt war. Die zwischen Burg-Ravelin und Löbl-Bastei gehörige ist im Plane nicht mehr erkennbar; sie ist unter den türkischen Grabenübergängen verschwunden. Man hat sich diese Caponnieren als Hohlbauten mit Pallisadenwänden zu denken. Einfache Pallisadirungen mit Pforten bildeten die Anschlüsse an die Bekleidungsmauern der Werke. Die Zugänge zu den Ravelins waren durch Doppel-Pallisadirungen gesichert.

Die eben geschilderten Armirungsarbeiten im Graben waren für die Vertheidigung von großer Wichtigkeit. Die Beherrschung des Grabens war durch die permanenten Theile der Befestigung nur wenig begünstigt; Bestreichung gewährten nur die zweistufigen kasemattirten Flanken mit wenig Geschütz in engen Gesichtsfeldern; das Feuer der hohen Linien reichte nicht bis auf die Sohle. Da der Angreifer persönlich an die Escarpen herankommen mußte, indem er nicht durch Geschütz, sondern durch den Mineur Bresche zu legen vorhatte, so bedurfte er der Einnahme, Festsetzung, Logirung und Behauptung auf der Grabensohle. Darin konnte ihn der Vertheidiger nur durch häufige, nicht lange vorbereitete, sondern die Gunst des Augenblicks ausnutzende Ausfälle aufhalten und stören, und solche ließen sich wieder nur aus sicheren Verstecken in nächster Nähe ins Werk setzen.

Wer Wien vor 20 Jahren gekannt und etwa seinen damaligen Bädeker noch aufbewahrt hat, wird sich der hohen Basteien mit ihren schönen An- und Aussichten erinnern, aber vergeblich in seiner Erinnerung oder seinem Orientirungsplane die Angriffsfront von

1683 suchen. Die Löbl-Bastei bis zum linken und die Kärnthner (Karner-, auch Augustiner-) Bastei bis zum rechten Schulterpunkte waren damals noch die alten Bauwerke; von den genannten Punkten aus machte der Wall, in drei Linien gebrochen — in der mittleren das neue Burgthor — eine weit ausgreifende Ausbiegung auswärts, deren inneren Raum ausfüllend, links (südlich) der Hofgarten, an die Burg anschließend, rechts der Volksgarten gelegen war. Letzterer nimmt einen großen Theil des damaligen Angriffsfeldes ein; hier lag das denkwürdige Burg-Ravelin; auf dem Mittelwege, der von der Burg zum neuen Burgthor führte, die Burg-Bastei.

Die bezeichnete Umgestaltung des alten Kampfplatzes war eine Erinnerung an die napoleonische Zeit: 1809 hatten die Franzosen die Burg-Bastei gesprengt; ihr Kavalier „der Spanier" — ein Ueberbleibsel aus der Befestigung vor derjenigen des 16. und 17. Jahrhunderts — war schon 1805 abgebrochen worden. Erst um 1820 wurden die Trümmer der alten Fronten aufgeräumt, Hofgarten, Volksgarten und neues Burgthor hergestellt.

Außer ihrem Hauptangriffe gegen die Burg-Löbl-Front führten die Türken einen Nebenangriff auf die diametral entgegengesetzte, am Donau-Kanal gelegene Wasserfront, gewöhnlich „das Gonzaga-Werk" genannt. Hinter diesem lag noch alte Ringmauer mit dem „rothen Thurm" zur Deckung der über den Donauarm auf die Tabor-Au (direkt in die Leopoldstadt) führenden „Schlagbrücke" („Schlag" in der Bedeutung von Schlagbaum, Sperre), die ziemlich genau an der Stelle der heutigen Ferdinandsbrücke gelegen hat.

Dieser Nebenangriff war nicht ungefährlich, denn zunächst schädigte und beunruhigte das feindliche Geschütz von hier aus den nordöstlichen Theil der Stadt, in welchem die Hauptkirche derselben, der als Baudenkmal berühmte Dom zu St. Stephan, und — an der nördlichen Enceinte — das Zeughaus lagen; er beschäftigte demnächst die angrenzenden Werke: Wasser-Schanzl, Biber-Bastei, Dominikaner- (auch Prediger- oder Hollerstauden-) Bastei bis zum Stubenthor, das zu einer Brücke über die Wien und in die jenseits gelegene südöstliche Vorstadt „Landstraße" führte.

Da der Donauarm bei niedrigem Sommerwasser nicht die militärische Wassertiefe hatte, so waren die Nebenangriffs-Fronten nicht einmal absolut unzugänglich.

Obwohl thatsächlich die Türken auf dieser Seite keine ernsteren Versuche gemacht haben, so mußte doch die Besatzung unausgesetzt darauf gefaßt sein; ihre Sorge, Wachsamkeit und auch die militärische Action, besonders diejenige der Artillerie, erfuhr dadurch immerhin fühlbare Ablenkung und Zersplitterung.

Nachdem wir das fortifikatorische Charakterbild der Festung skizzirt haben, werden einige Angaben über das Personal angemessen erscheinen, das berufen war, den todten Widerstand der Werke zu beleben.

13.

Der Kaiser hatte zur Verwaltung der voraussichtlich demnächst auf sich selbst angewiesenen Stadt eine Commission „geheimes Collegium" ernannt und mit den höchsten Regierungs-Vollmachten ausgestattet. Deren Präsident war ein böhmischer Graf, Kapliers, zur Zeit bereits 72jährig und mit dem höchsten militärischen Range in Ruhestand getreten. Obwohl er selbst, seines Alters wegen, an seiner Tauglichkeit gezweifelt, hatte er doch, dem Zutrauen des Kaisers nachgebend, dessen Vertretung übernommen und hat sodann seine wichtige Stellung aufs beste gewahrt. Es wird seiner hier hauptsächlich deshalb gedacht, weil er mehreremals den durch Verwundungen und Ruhranfälle behinderten Kommandanten mit Frische, Energie und militärischer Umsicht vertreten hat.

Der Kommandant Graf Starhemberg, zur Zeit 45 Jahre alt, hatte schon 19 Jahre zuvor bei St. Gotthardt in Ungarn unter Montecuculi die Türken besiegen helfen. Er war seit 1680 Kommandant von Wien und Oberst der Stadt-Guardia; im laufenden Jahre mit der Armee ins Feld gerückt, war er anfänglich zur Vertheidigung von Raab bestimmt, nun aber, als Wien bedroht war, hierher zurückberufen worden.

Mit dem Kommandanten Hand in Hand wirkte der Bürgermeister und kaiserliche Rath Andreas von Liebenberg. Dessen Thatkraft und Hingebung war hauptsächlich die kriegerische Theilnahme der Bürger und Einwohner an der Vertheidigung und die Unterstützung durch Arbeitsleistungen zur Verstärkung und Ausrüstung der Werke zu danken.

Rühmend erwähnt wird der Bischof Kollonits, ein ehemaliger Malteser-Ritter und Vertheidiger von Kandia, der freiwillig in Wien verweilte; er leitete alle Bestrebungen, die auf

Milderung der Belagerungsnoth zielten — Austheilung der Lebensmittel, Feuerlöschwesen, Krankenpflege.

Die Festungs-Artillerie stand unter dem Stuck-Oberst Christoph von Börner.*) Diesen nannte — zwanzig Jahre später — Prinz Eugen seinen „braven Konstabler", der die österreichische Artillerie zur besten der Welt gemacht habe.

Bei der Artillerie zeichnete sich außerdem der Oberstlieutenant Gschwind von Pödenstein aus, der sich jederzeit auf den gefährlichsten Punkten einfand; gegen Ende der Belagerung wurde er schwer verwundet.

Die Artillerie hatte viele Verluste. Die bürgerlichen Konstabler traten in die Lücken und haben sehr gute Dienste geleistet.

Der Chef des Ingenieurwesens war Georg Rimpler; der nächstälteste Elias Kühn. Außerdem finden sich — ohne Angabe besonderer Leistungen — die Namen Hauptmann Zimmermann und Leonhard Behr. Bedeutender sind die Namen Anguissola und Camucci (als Aufnehmer des Angriffsplanes) und Suttinger, der Schüler, Freund und nachherige literarische Kämpe Rimplers.

Eine Anzahl von Beamten und höheren Offizieren im Ruhestande war freiwillig nach Wien gekommen, um ihre Dienste der Vertheidigung anzubieten. Darunter wird ein alter Oberst Cornelius von Rümlingen als nützlicher Rathgeber Starhembergs genannt.

Die Besatzung bestand aus 73 Kompagnien, zusammen 10 603 Mann und 600 Kürassieren.

Außerdem war eine Bürger-Miliz freiwillig zusammengetreten. Dieselbe bestand aus etwa 20 Kompagnien, in denen sich Männer gleicher Beschäftigung und Lebensstellung oder auch die Nachbarn des gleichen Stadtbezirks zusammenfanden. So die Gastwirthe, die Fleischer, Bäcker, Schuhmacher, Brauknechte, die Kaufleute und Großhändler, Hofbedienstete, Studenten; aus den Gewerken die „ledigen Pursche". Diese Kompagnien erhielten be-

---

*) Die oben citirten „Gedenkblätter ꝛc." nennen ihn Werner. Es wird dort gesagt, dieser brave Offizier habe sich, als die Türken bereits vor Wien lagerten, mit großer Gefahr durchgeschlichen, um den bedrängten Platz vertheidigen zu helfen.

stimmte Bezirke des Platzes, Thore und Werke zur Vertheidigung angewiesen.

Die Gesammtzahl der streitbaren Vertheidiger kann zu rund 16 000 Mann*) angenommen werden.

Es wurden aus dem kaiserlichen Zeughause 262 und aus dem bürgerlichen 50 Geschütze aufgestellt.

Zu den umfangreichen Armirungsarbeiten stellte die Stadt von Anfang an täglich 1000 Arbeiter. In der ersten Frische der Begeisterung griff Alles mit an, auch Weiber und Kinder. In den späteren Stadien, wo das feindliche Feuer auszuhalten war, wo die Ruhr arg in der Stadt hauste, ist es bisweilen recht schwierig gewesen, die erforderlichen Arbeitskräfte beizutreiben.

14.

Die ersten Reiterschwärme des Feindes wurden am 13. Juli von der Stadt aus sichtbar. Jetzt war es die höchste Zeit, diejenige Armirungsarbeit auszuführen, die anzuordnen dem Kommandanten immer schwer fällt und damals in Wien besonders schwer fallen durfte — der Vertheidiger mußte mit eigener Hand den blühenden Kranz der Vorstädte anzünden und niederbrennen.

Hierbei ereignete es sich in St. Ulrich — dem nachherigen Angriffsfelde — daß kecke tatarische Reiter in die brennenden Gassen drangen, ihrer barbarischen Weise gemäß die noch vorhandenen Einwohner, die bei Bergung ihrer fahrenden Habe sich verspätet hatten, anfielen, niedermachten und beraubten. Ein zur Besichtigung in der Nähe befindlicher höherer Offizier kam mit seiner Kavallerie-Bedeckung den Bedrängten zu Hilfe, ließ kräftig einhauen und verjagte die Tataren. Dies war die erste Berührung mit dem Feinde.

An demselben Tage sprengten zwei türkische Reiter ohne alle Parlamentär-Förmlichkeiten bis an die Glaciscrête und warfen ein Packet in den gedeckten Weg. Dasselbe enthielt das türkische Original und die lateinische Uebersetzung einer vom Großwesir an den Kommandanten gerichteten Aufforderung zur Ueberantwortung der Festung, die der Großherr beschlossen habe, seinem Reiche einzuverleiben. Die türkische Drohung, daß im

---

*) Die „Gedenkblätter" sagen: beinahe 20 000 Köpfe.

Weigerungsfalle nach Eroberung der Stadt Alles niedergemacht werden würde, fehlte selbstverständlich nicht.

Der Großwesir hatte hiermit sein Programm überreicht. Daß es ihm in beiden Stücken Ernst gewesen, ist nicht zu bezweifeln. Er hat auch gewünscht, die Stadt möglichst unbeschädigt zu gewinnen, und hat sich nur nothgedrungen entschlossen, der Widerstrebenden Gewalt anzuthun.

15.

Im Laufe des 14. Juli kam die türkische Heeresmacht heran, entwickelte sich im weiten westlichen Bogen vor der Stadt und schlug ihre Zelte auf. Es sollen deren 25 000 gewesen sein.

Das umständliche, für Beweglichkeit und Manövrirfähigkeit hinderliche, bei ungünstigen Wendungen gefährliche Kriegszubehör des Zeltlagers und eines großen Trosses konnten die türkischen Heere, sowohl wegen ihrer Organisation als wegen ihrer Art Krieg zu führen, nicht entbehren. In unserem Sinne kantoniren, d. h. die vorhandenen Wohnstätten der Landesbevölkerung zur Unterkunft benutzen, konnten sie nicht. Ihre Zahl war schon zu groß dafür; außerdem aber ließen sie nicht bestehen, was vorhanden war. Ihre Reiterschaaren schwärmten ihnen voraus, und wo diese erschienen gingen alle Dörfer in Flammen auf, veröbeten alle Kulturstätten, ward das Land zur Wüste.

Die Hauptmacht der türkischen Infanterie bildeten die Janitscharen. Dieser Name, korrumpirt aus „Jeni — tscheri", bedeutet „junge Truppen". Die Organisation datirt vom Anfange des 15. Jahrhunderts. Sie rekrutirten sich damals vorzugsweise aus jung eingefangenen Christenknaben, die in besonderen Anstalten militärisch und rechtgläubig erzogen wurden. Am Ende des 17. Jahrhunderts waren die Janitscharen eine privilegirte Klasse, sehr ähnlich den russischen Strelitzen. Eben ihrer Privilegien wegen ließen sich viele Staatsangehörige, die im Uebrigen ihrem bürgerlichen Gewerbe nachgingen, in ihre Listen einschreiben. Die eigentlichen Janitscharen waren lebenslängliche Berufssoldaten. Die Ordu (auch „Orta" geschrieben; ins Deutsche in der Form „Horde" übergegangen), zwischen 300 und 1000 Mann fassend, war nicht nur die taktische, sondern auch eine sociale Einheit. Jede hatte in dem betreffenden Garnisonorte ihre „Oda" (d. h. Kaserne) und gemeinschaftliche Verpflegung, die der Staat in natura lieferte. Sie erhielten außerdem ihren festen Sold, der sehr regelmäßig gezahlt wurde. Diese sociale Ordnung und das gemeinsame Leben in der Garnison mußte auf den Kriegszügen erhalten bleiben; die feste Kaserne fand im wandernden Zeltlager Ersatz und Fortsetzung.

Der Oberbefehlshaber der Janitscharen hatte den Titel Aga; sein Stellvertreter hieß Kiaja=Bey.

Die Janitscharen führten lange Flinten, deren Läufe so gut gearbeitet waren, daß sie kugelschwere Ladung aushielten. Das Kaliber war kleiner als das der Musketen der Kaiserlichen. Scheither giebt aus seinen Beobachtungen in Kandia an, daß die Türken 2 bis 6 Loth, d. h. 35 bis 100 g, geschossen und sich eiserner Ladestöcke zum Festsetzen der mit einer Art Pflaster versehenen Kugeln bedient hätten. Es wird übereinstimmend berichtet, daß die Türken — zufolge ihres umständlichen Ladens — zwar langsam, aber entschieden weiter und sicherer geschossen hätten als die Kaiserlichen.

Wenn der Janitschar das Feuergefecht einstellte, warf er die Flinte mittelst Tragriemen über den Rücken und griff zum krummen Säbel. Er führte außerdem Messer und Pistole im Gürtel, bisweilen auch Hammer und Beil. Die Picke war nicht in Gebrauch.

Für den Fernkampf wurden auch Wurfspieße und — sowohl in großer Menge, wie auch mit großer Geschicklichkeit — Bogen und Pfeil gebraucht. Selbst vergiftete Pfeile müssen — nach der Erfahrung, die bei einzelnen an sich leichten Verwundungen gemacht worden ist — wenigstens vereinzelt zur Anwendung gekommen sein.

Als Schutzwaffen standen Panzerhemden in Gebrauch (schwere Harnische kamen nirgends zur Anwendung); auch wohl Unterarmschienen; auch kleine Sturmhauben; am linken Arm hing ein runder Schild (Tartsche), mit dem man sich im Handgemenge, aber auch in den Laufgräben gegen geworfene Steine und Handgranaten deckte.

Der Janitschar war ein stolzer Gesell, der tapfer kämpfte, aber keinerlei gemeine Arbeit verrichten wollte; hierfür hatte jeder seinen Knecht.

Neben den Janitscharen gab es noch Formationen, die sich aus Albanesen, Bosniern 2c. rekrutirten. Jeder Pascha — wir erinnern daran, daß ein solcher nicht nur General, sondern auch Civil-Gouverneur des ihm untergebenen Landestheiles war — hatte seine Leibgarde. Einige davon waren beritten und bildeten eine Art Dragoner.

Neben den regelmäßigen Truppen, die aus Staatseinkünften festen Sold bezogen, gehörten zu der großen Heeresmacht, die jetzt vor Wien sich lagerte, zahlreiche Hilfsvölker; diese waren weniger der Festung als dem Lande gefährlich, denn sie waren vorzugsweise auf Beute angewiesen.

Die reguläre türkische Reiterei bildeten die Spahis. Sie und ihre Pferde hatten keinerlei Schutzbekleidung und waren überaus leichtfüßig und beweglich. Sie führten Lanzen mit Fähnchen, den Säbel, manche auch lange Stoßdegen; auch Keulen, Hammer, Beile, Pfeil und Bogen, Pistolen.

Spahis und Tataren sind für den in Betracht kommenden Zeitraum und im militärischen Sinne gleichbedeutend; sie waren die überall Umherschweifenden, unvermuthet Auftauchenden, wo sie erschienen, Verderbenbringenden. Ihr Ansturm war heftig, aber nicht wuchtig und nachhaltig; sobald ihnen die Stirn geboten wurde, ließen sie ab und flüchteten. Dies lernten nicht nur die kaiserlichen Truppen, sondern auch die Bewohner des platten Landes. Nicht nur Städte und Burgen, sondern selbst Dörfer erwehrten sich ihrer, sobald sich eine Schaar besonnener und muthiger Männer zusammenfand, die sich nicht auf den ersten Anlauf sprengen ließ.

Die Türken führten viele und schwere Geschütze. Wo die Oertlichkeit es erlaubte, wendeten sie Wassertransport an; zu Lande Büffel-Gespanne.

Sie hatten eine Artillerie (Topdschi), die nicht nur das Geschütz bediente, sondern auch das Artillerie-Material herstellte und verwaltete. Ein zahlreiches Handwerker-Personal und auch besonders ausgebildete Mineure gehörten dazu.

Das umfangreiche Kriegszubehör wurde auf schweren vierrädrigen Wagen mit Leinwandplanen und auf Tragthieren, namentlich Kameelen, herangeführt.

Das zur Belagerung von Wien bereite Heer dürfte rund 160 000 Mann stark gewesen sein; zehnmal so stark wie die Besatzung.

16.

Während der Belagerer auf dem rechten oder westlichen Donau-Ufer im Halbkreise den Platz umschloß, sein Lager schlug und sofort auch an die Eröffnung des förmlichen Angriffs ging, war das mährische Donau-Ufer noch frei, der Herzog von Lothringen lagerte sogar, der Festung unmittelbar nahe, mit seiner Reiterei auf der Tabor-Au.

Da er der Stadt damit doch nichts hat nützen können, wollen wir vorgreifend über das Ende seiner direkten Verbindung mit derselben berichten.

Der Herzog mußte sehr bald inne werden, daß die Türken ihn nicht unbelästigt würden stehen lassen; die Donau war ziemlich seicht und für die türkische Reiterei kein Hinderniß; bei Nußdorf, an der Theilungsspitze oberhalb der Stadt, kamen sie in großen Haufen auf das linke Ufer.

Der Herzog mußte fürchten, auf seiner Insel mit eingeschlossen zu werden. Durch ein glückliches Gefecht, in dem er die Andrängenden energisch zurückwarf, gewann er Zeit, auf das mährische Ufer zu defiliren und die Tabor-Brücke hinter sich abzubrennen. Er zog am linken Ufer stromauf, über Nußdorf hinaus bis Jedlersee, wo er Stellung nahm.

Unmittelbar nach seinem Abzuge — am 16. Juli Abends — besetzten die Türken die Tabor-Au, zu der sie oberhalb und unterhalb der Stadt durch Brücken über den Donau-Kanal den Zugang sicherten, und schlossen damit den Cernirungsgürtel um die belagerte Stadt.

17.

Bei der Berathung über die Wahl der Angriffsfront hatten sich zwei Ansichten gegenübergestanden. Die eine — angeblich von einem französischen Ingenieur vertreten — bevorzugte dieselbe Stelle, die im Jahre 1529 Sultan Suleiman ausgewählt hatte. Allerdings bestanden damals die heutigen Basteien noch nicht, aber der Grundriß des Umzugs war nahezu und das Vorterrain war gänzlich das damalige. Suleimans Angriff hatte etwas weiter südlich gelegen, er würde gegen das heut wie damals bestehende Kärnthner- (oder Karner-) Thor und die jetzt links von demselben bestehende Wasserkunst-Bastei zu richten gewesen sein.

Die bezeichnete kürzere Front konnte heut wohl mit Recht für schwächer als die benachbarte Burg-Löbl-Front erklärt werden. Auch schien die Rechtschiebung in Erwägung der Richtung, aus der wahrscheinlich der Entsatz kommen würde, und derjenigen, nach

welcher eventuell der eigne Rückzug zu nehmen war, mehr ge=
sichert. Für den förmlichen Angriff war dagegen hier kein
günstiges Terrain: der Wienfluß lag zu nahe; bei starkem
Sommerregen trat derselbe bisweilen über, und in dem flachen
Ufergelände lag der Grundwasserspiegel so, daß alle Sappen=
arbeit, namentlich später im Graben, schwierig geworden wäre.

Vor der Burg lag nun freilich die stärkste der Landfronten
dafür war aber das Vorfeld wasserfrei, für Sappeur= und Mineur=
arbeit günstig, und in angemessenem Abstande einige gute erhöhte
Artillerie-Positionen bietend.

Die Wahl dieser Front soll besonders der Ingenieur des
Großwesirs, Achmet=Bey, befürwortet haben. Es wird berichtet,
dieser türkische Ingenieur sei zuvor bei Tötöly, und damals einer
Gesandtschaft beigegeben gewesen, die der vom Kaiser sehr entgegen=
kommend, beinahe als berechtigte kriegführende Macht behandelte
Rebell nach Wien an den Hof geschickt hatte. Bei dieser Gelegen=
heit soll er Festung und Außenfeld sehr genau studirt und nach
dem Augenschein die Wahl der Angriffsfront getroffen haben.

Achmet=Bey muß ein anschlägiger Kopf gewesen sein; zu
Tötöly war er aus einem Kapuzinerkloster gekommen, dem er ent=
laufen war!

18.

Bereits am 14. Juli Abends begannen die Türken Batterien
und Approchen. Als Basis dienten ihnen die Trümmer der Vor=
stadt St. Ulrich und (wie Fig. 2 zeigt) zwei Geschützaufstellungen
hinter den Flügeln des Angriffsfeldes. Bereits 24 Stunden
später konnten einige Geschütze vom Kroatendörfl aus das Feuer
eröffnen. Dieser wichtige Punkt erhielt im Fortgange der Be=
lagerung eine größere Zahl von Geschützen.

Die Entfernung, in welcher die Laufgräben eröffnet worden
sind, wird zu nur 300 Schritt angegeben. Diese Angabe erregt
Bedenken. Sie stimmt auch nicht zu dem Anguissola'schen Plane.
Zieht man jene Querstraße von St. Ulrich in Betracht, die in
Fig. 2 markirt ist und das vordere Treffen der türkischen Geschütz=
aufstellung bildet, so findet man hier etwa 350 m Abstand. Für
die hintere Batterielinie ergeben sich fast 600 m. Plan und Zahlen=
angabe nähern sich in leidlich zufriedenstellender Weise, wenn man
„Schritt" nicht im heut gebräuchlichen Sinne, sondern als den von

den lateinischen militärischen Schriftstellern angewendeten römischen Doppelschritt (passus) versteht, dessen sich in der That die Schriftsteller des 16. und 17. Jahrhunderts nicht selten noch bedienten.

Der passus = 5 römische Fuß ist = 1,48 m; mithin 300 Schritt = 444 m. Dieses Maß entspricht der Entfernung des „rothen Hofes" in St. Ulrich, wo die Türken ihr „Rüsthaus" (Depot) eingerichtet hatten, vom Burg-Ravelin.

Daß die Türken — nach dem Plane zu urtheilen — ihre erste Geschützaufstellung 600 m = 800 (einfache) Schritt vom Festungsgeschütz genommen haben, ist sehr glaublich.

Am 15. Juli Abends waren zwei Annäherungswege auf 60 bis 70 Schritt von dem ausspringenden Winkel des gedeckten Weges vor dem Burg-Ravelin heran; am 17. auf 30 bis 40 Schritt.

19.

Bevor wir die historische Entwickelung des vorliegenden Einzelfalls, der Belagerung von Wien, weiter verfolgen, erachten wir es für zweckmäßig, ein allgemeines Bild des türkischen förmlichen Angriffs zu entwerfen, und zwar der Reihe nach: den oberirdischen, den Sappenangriff, die Annäherungs- und Deckungsarbeiten; die Batterien; die Thätigkeit und Wirkungsweise des Mineurs; endlich das Stürmen in Betracht zu ziehen.

Um zu erkennen, daß die Türken (wie ihre größten und bekanntesten Belagerungen, Kandia und Wien, bezeugen) ein eignes System der Ceremonial-Attacke ausgebildet hatten, muß man sich der zu gleicher Zeit im christlichen Europa üblichen erinnern. Ueber diese geben Freitag (1631), Dilich (1640), Medrano (1687) Auskunft.

Unter „Attacke" verstand man damals das Vorgehen auf einer Kapitale; jetzt bereits meistens der eines Bastions, nur bisweilen noch (bei langen Fronten und kleinen schwachen Ravelins) gegen eine Kurtine.

Die Attacke begann 90 Ruthen oder rund 340 m von der Angriffsfront mit dem Bau einer Redoute (auch corps de garde genannt) von 30 m Seite. Nachdem die Redoute vertheidigungsfähig und besetzt war, wurden 200 bis 400 Mann zur Aushebung eines geradlinigen Deckungsgrabens angestellt, der — je nach der Oertlichkeit — möglichst gegen den Platz zu, aber doch horizontal defilirt, d. h. links oder rechts diesseits der weitest vorspringenden

Festungswerke vorbeistrich und mit einer Redoute gleich der ersten endete. Diesem ersten „Schlage" der „Approche" wird der zweite, nach der andern Seite defilirte angefügt; an dessen vorderem Ende die dritte Redoute. Diese Zickzackführung und schlagweis gleichzeitig durch anfangs ungedeckte Arbeiter erfolgende Herstellung wird fortgesetzt, bis das Musketenfeuer des Platzes es verbietet. Die Grundrißform bleibt ferner dieselbe, die Ausführung erfolgt als Sappe, die nur ihre Spitze oder Tete vorschiebt. Teten-Deckung schafften sich die Sappeurs durch Schirme auf Rädern und Wollsäcke.

Auf dem Glacis spaltet sich die Approche und breitet sich rechts und links aus.

Die Batterien wurden gleichzeitig aber unabhängig seitwärts der Schläge in Redouten= oder Halbredoutenform hergestellt.

Von dem vordersten, gegen die Festung Front machenden Laufgraben aus machte man mittelst fallender Galerie (Holzhohlbau) den Graben-Nieder=, mit Sappe oder gleichfalls Galerie den Graben-Uebergang und setzte den Mineur an der Escarpe an (sobald der Vertheidiger es zuließ).

Bisweilen gestaltete das Terrain die im Zickzack lavirenden, rechts und links weit ausgreifenden Approchen nicht. Dann ging man in einem Graben mit beiderseitiger Brustwehr (doppelte Sappe) geradeaus vor und schützte sich gegen Einsicht und Bestreichung durch abwechselnd rechts und links Durchgang gestattende Schanzkorb-Traversen, oder man legte in geeigneten Abständen „Chandeliers", hängende Blendungen an, d. h. Faschinenpackungen in einem Holzgerüst, von Krone zu Krone der beiderseitigen Brustwehren gelegt, die, von der Festung gesehen, in der Verkürzung einander deckend, keinen Einblick und direktes Schießen gestatteten.

Nach dem Zeugnisse Medranos hatte man es zur Zeit schon als zweckmäßig erkannt, zwei Attacken der geschilderten Art symmetrisch zu führen und so zu verbinden, daß je zwei Schläge der einen und zwei der andern zusammen einen rautenförmigen Raum ganz umschlossen, in welchem selbstredend eine Batterie die aufs beste gesicherte Lage hatte. Man ging noch einen Schritt weiter. Die aufeinander zulaufenden Schläge der beiden Nachbarattacken führte man nicht so steil gegen den Platz, als es das horizontale Defilement erlaubt haben würde, sondern mehr parallel zur Angriffsfront, um eine Frontal-Position gegen den Platz von 200 bis

300 m Länge zu gewinnen. Dies ist der Keim — sowohl der Sache, wie der Benennung nach — der Parallelen.

Medrano nennt den Angriff mit Parallelen eine neue Erfindung und giebt folgende Anleitung:

An Stelle der Freitag'schen Redoute bildet jetzt, 300 m vom Platze, ein Laufgraben von 200 bis 250 m Länge mit Redouten an beiden Flügeln die Basis des Laufgraben-Systems.

Nahe bei den Redouten brechen geradlinige Schläge, horizontal defilirt, unter sich divergirend, vor, die in angemessenem Abstande durch eine zweite Parallele verbunden werden, die länger ist als die erste. Dieser Wechsel wiederholt sich. Medranos Skizze zeigt fünf solche Parallelen.

Noch etwas weiter ausgebildet fand Vauban dieses Schema vor. Darüber berichtet Belidor:

Der Abstand der ersten Parallele betrug jetzt schon 300 Toisen = rund 500 m. In ihrer Mitte lag die batterie royale für 30 bis 40 Kanonen, die Alles, was sie sehen konnte, beschoß.

Die zweite längere Parallele in 250 m Abstand; in ihr die Geschütze der ersten jetzt maskirten Position.

Die dritte Parallele 60 bis 75 m vom Glacis.

Dann Sappen gegen die drei Saillants des gedeckten Weges.

20.

Terrain gewinnen und das gewonnene behaupten, sind die unerläßlichen Bedingungen der Offensive; daher auch des förmlichen Angriffs. In den „Annäherungswegen" (Approchen) und den „Waffenplätzen" (diese Bezeichnung ist charakteristischer als „Parallelen") kommen diese Grundregeln zur Anwendung. Diese beiden Hauptstücke zeigt daher auch der türkische Angriff, aber in eigenartiger Gestaltung.

Der Angriff ist speciell in Wien augenscheinlich klar disponirt. Zuerst sollte das Burg-Ravelin, dann sollten die dahinter zur Seite liegenden Basteien fallen. In jeder Kapitale wurde demgemäß eine Annäherung für erforderlich erachtet. Das eigenthümliche Aussehen des türkischen Sappenangriffs ist unsres Erachtens durch drei Umstände verursacht worden: 1) durch die große Menge der Truppen, die zu Gebote standen und bei allen stürmischen Anläufen auch verwendet werden sollten; 2) durch den Umstand, daß die Leitenden um Arbeiter niemals verlegen zu sein brauchten, denn wenn die vorhandenen Sklaven nicht ausreichten, wurden die Reiter ausgesandt, die aus dem Lande umher die Bewohner zum Frondienst zusammentrieben; 3) dadurch, daß die türkischen Offiziere verschmähten oder nicht verstanden, auf dem Felde abzustecken, zu traciren oder mit der Bussole zu arbeiten.

Den ersten Beweis für unsere Behauptung liefern die Annäherungswege der drei Kapitalen. Die Leitung des Angriffs auf das Ravelin als des zunächst wichtigsten hatte sich der Großwesir selbst vorbehalten und seine vornehmsten Unterbefehlshaber, den Janitscharen-Aga und dessen Stellvertreter und den Pascha von Rumelien, sich beigeordnet. Auf der Ravelin-Kapitale wurde dementsprechend in 4 Linien vorgegangen. Jede der Bastions-Kapitalen war je 2 Paschas zugewiesen und erhielt entsprechend zwei Annäherungslinien.

Diese Annäherungslinien zeigen aber keine Spur der in Europa gebräuchlichen lavirenden Zickzackführung; sie nehmen ihren Lauf wie das Wasser, das nach einem starken Gewitterregen auf einer fast horizontalen Fläche sich verläuft; sie halten ersichtlich im Ganzen Richtung, aber im Einzelnen serpentiniren sie unaufhörlich bald rechts, bald links. Scheinbar ganz regellos, werden diese steten Richtungsveränderungen wohl den Zweck gehabt und erfüllt haben, den auf beiden Seiten mit Brustwehren eingefaßten Graben in sich selbst zu traversiren.

Die Annäherungswege sind gekreuzt durch Waffenplätze d. h. Laufgräben nach der Quere des Angriffsfeldes, also in der Richtung der Parallelen. Deren liegen aber nach der Tiefe des Angriffsfeldes nicht drei (oder fünf, wie sie Medrano darstellt), sondern dicht nacheinander eine sehr große Menge. Ein Versuch der Zählung ergab ihrer 24 auf eine Tiefe des Angriffsfeldes von 260 m. Man wird der Wahrheit also nahe kommen, wenn man sagt, die Türken hätten ihre Waffenplätze durchschnittlich von 10 zu 10 m angelegt. Annäherungswege und Parallelen sehen im Bilde aus wie ein Fetzen von einem Gewebe, jene die Kette, diese den Einschlag bildend.

Es ist sehr wahrscheinlich, daß die Aufnehmer der Angriffsarbeiten in Wien (wie vormals die in Kandia) nicht im Entferntesten jeden einzelnen Faden des Einschlages genau vermessen und richtig eingetragen haben; die Bilder verschiedener Verfasser stimmen nicht entfernt überein; es wäre auch von geringem Nutzen gewesen, dieses Gewirr mit peinlicher Genauigkeit wiederzugeben. Anscheinend waltet das Gesetz, daß in der Tiefe d. h. am Anfange des Angriffsfeldes die dicht voreinander liegenden Quergräben oder Parallelen nur je einer Kapitale angehören; weiter vorwärts (wo ja auch die Kapitalen konvergiren) fließen einzelne Querschläge der verschiedenen Kapitale in einander und bieten das Bild durchlaufender Parallelen dar. Das vorderste Glied dieser tiefen Phalanx von Laufgräben hat Lage, Aussehen und Ausdehnung der üblichen Glacisfrönung.

Die Bilder des Wiener Sappen-Angriffs auf dem Anguissolaschen Plane und dem von Herlin der Gesammtausgabe von Rimplers Schriften beigefügten sind einander im Einzelnen gar nicht ähnlich, zeigen aber übereinstimmend den vorstehend geschilderten Typus. Dasselbe ist der Fall mit den von Scheither mitgetheilten Plänen des Angriffs auf Kandia. Auf letzterem zeigt sich als Basis des Angriffsfeldes eine den ganzen Platz vom Meeresufer bis wieder zum Meeresufer umziehende Circumvallation. Die Basis vertreten bei Wien die entferntesten Batterien. Die einzelnen Approchen entspringen bei Wien in dem für die Ansicht von der Festung aus wahrscheinlich undurchdringlich gewesenen Trümmer-Gewirr von St. Ulrich. Deutlich erkennbar ist eine dem Wiener Angriffsfelde eigenthümliche Flankensicherstellung, die in Fig. 2 an beiden Seiten des Angriffsfeldes durch die Worte „randsichernder Laufgraben" markirt ist. Ueber diesen den Annäherungswegen ähnlich sich schlängelnden Saum geht keiner der Quergräben hinaus; viele münden in ihn.*)

Auf dem so wie geschildert zubereiteten Sappenfelde stand die Laufgrabenwache des Angreifers in jedem Augenblicke so zu sagen in drei Kolonnen (den drei Kapitalen), die später in eine zusammenflossen, und deren Flügelrotten eine halbe Wendung gemacht hatten, gefechtsbereit, dem Feinde, mochte er in Front oder Flanke anlaufen, die Stirn zu bieten.

Die dichte Lage der Laufgraben-Glieder, von denen in jedem Augenblick das vorderste, in der Herstellung begriffen, deckungs-

---

*) Nach dem Anguissola-Plane in „Das Kriegsjahr 1683". — Der Herlinsche Plan deutet die Rand-Approchen auch an; das ganze System tritt aber nicht so klar hervor wie bei jenem.

und wehrlos war, machte diesen Umstand ungefährlich, weil das nächste bereits vertheidigungsfähige Glied dicht hinter jenem war.

Die in Rede stehende Anordnung gab dem Vorschreiten des Angreifers unverkennbar große Solidität. Andererseits hatte sie zur Folge, daß es für das schwere Geschütz der Festung kaum einen Fehlschuß gab. Das Merkwürdigste aber ist das außerordentliche Arbeitspensum an Erdbewegung, zu dem der Angreifer sich verstehen mußte. Dafür aber wußten die Türken Rath. Die Aussicht auf die Bastonade, das Niederschießen und Kopfabschlagen machte die Zwangsarbeiter willig, arbeitslustig und muthig im Feuer!

Aus den oben wiedergegebenen Berichten über das schnelle Vorwärtskommen auf der Ravelin-Kapitale möchte zu schließen sein, daß die Annäherungswege zunächst den Parallelen vorausgeeilt sind.

Daß die Türken im wirksamen Bereich des Musketenfeuers zum wirklichen Sappiren, d. h. von der sogenannten flüchtigen zur völligen Sappe übergegangen sind, und wie sie dasselbe betrieben haben, zeigt der Nebenname der „Erdwalze": „türkische Sappe."

Aus den Wiener Berichten ist zu entnehmen, daß die Türken ihre Eingrabungen sehr gut gedeckt haben; auch — wo es nöthig war — durch Decken und Blendungen gegen Wurffeuer und Einsicht. Vielleicht haben sie auch gethan, was Scheither von Kandia berichtet: Sie gruben dort von den Laufgräben aus Erdlöcher — „Grotten" nennt er sie an anderer Stelle — abwärts in den gewachsenen Boden, deren Eingang sie mit härenen Wollsäcken von 1,5 m Länge verhingen. In diesen Schutzörtern blieben sie bisweilen auch bei Ausfällen und feuerten über die Säcke hinweg auf die Eingedrungenen. — In den nahen Verbauungen versahen sie die Brustwehren mit Sand- und Wollsackscharten, durch die sie, sehr sorgsam zielend, wirksam schossen.

Für die höheren Befehlshaber wurden Schutzhohlräume aus großen Schanzkörben, Balkenholz, Sand- und Wollsäcken hergestellt. Der Großwesir machte seine Besichtigungstouren in einer gepanzerten Sänfte.

21.

Die Berichte über die türkischen Batterien vor Wien sind dürftig; über ihre bauliche Einrichtung findet sich keine Belehrung.

Die Türken hatten im Allgemeinen Neigung für hohe, womöglich das Festungsgeschütz überhöhende. Von Kandia berichtet Scheither, daß sie, um dem zu genügen, es sich nicht hätten verdrießen lassen, die Erde in Säcken herbeizuschleppen, wo der Felsboden kein Ausschachten gestattete. Wenn die Batterien isolirt lagen, gaben sie ihnen die Form von Redouten.

Auf dem Angriffsfelde von Wien begünstigte die Oberflächengestalt des Geländes und die Bedeckung durch die Trümmer der niedergebrannten Vorstadt St. Ulrich die Anlage der in Fig. 2 markirten beiden Geschützaufstellungen. Die Türken haben nachmals auch in den vorderen Positionen einige Batterien sowohl für Kanonen als Mörser angelegt, doch haben dieselben keinen charakteristischen Einfluß auf den Gang der Ereignisse gehabt. Das Geschützfeuer ist im Ganzen lebhaft und auch wirksam gewesen, hat aber nicht eigentlich die Führung gehabt, ist zu keiner Zeit das Organ des Fortschrittes des Angriffs gewesen.

Als solches muß vielmehr der Mineur angesehen werden, der ja übrigens nicht im Gegensatze zur Artillerie stand, sondern nur eine zweite Lebensäußerung derselben war, die zweite Form der Wirksamkeit des Pulvers neben der im Geschütz.

22.

Wo der Sappeur wegen zu großer Nähe an der feindlichen Stellung hinter der Pallisadirung des gedeckten Weges nicht mehr vorwärts kam, da setzte der Mineur ein. Indem er die Pallisaden und ihre Besatzung in die Luft sprengte, schuf er eine materielle Lücke, eine moralische Verwirrung und eine Lähmung der Kräfte die der Sappeur zum sprungweisen Terraingewinn benützen konnte. In der Regel begnügte man sich damit nicht, sondern ließ einen Akt des gewaltsamen Angriffs, einen Sturm gegen die erschütterte Position unmittelbar folgen, um möglichst weit vorzugreifen. Sappeur, Mineur und Sturmläufe arbeiteten sich von jetzt an in die Hände. Es war wieder der Mineur, der die Mauerbekleidung der Contrescarpe einwarf, um einen Abstieg in den Graben zu gewinnen, den der Sappeur gedeckt herstellte. Dann rangen von beiden Seiten Feuergewehr und blanke Waffe um den Besitz des Grabens, bis der Sappeur den Uebergang sichergestellt hatte und der Mineur die Breschmine an der Escarpe ansetzen konnte.

Dasselbe Zusammen- und Wechselwirken der drei Potenzen erklomm dann die Bresche und rückte von Abschnitt zu Abschnitt vor.

Die Vertheidiger von Wien haben diesen Weg dem Angreifer zu einem überaus blutigen, sein Vorrücken zu einem sehr langsamen gemacht. Nur in dem einen Factor, dem Mineurwesen, waren sie ihm nicht ebenbürtig. In dieser Beziehung war Wien das Gegenstück zu Kandia. Dort war der Contre-Mineur der Ueberlegene. Er hatte ein ausgedehntes vorbereitetes Minenfeld und konnte in dem günstigen, standfesten und doch nicht allzu schwer zu bearbeitenden Boden ohne zeitraubenden Holzausbau flott überall hin vordringen. Es stand ihm auch ein berufsmäßig geschultes Arbeits-Personal zu Gebote. Beides fehlte in Wien.

23.

Nachdem die Angriffs-Methode der Türken und ihre Anwendung vor Wien in einem allgemeinen Charakterbilde geschildert worden, werden sich die einzelnen historischen Momente leichter verstehen lassen.

Bevor jedoch das Haupt-Angriffsfeld in Betracht gezogen wird, erscheint es zweckmäßig, den Nebenangriff, der ohne entscheidenden Einfluß geblieben ist, abzufertigen.

Es ist gesagt, daß unmittelbar nach dem Abzuge des Herzogs von Lothringen, am 16. Juli Abends, die Türken die Tabor-Au in Besitz genommen haben. Das linke Ufer des Donau-Kanals, der Wasserfront am rothen Thurm gegenüber, wurde mit einem einfachen Laufgraben umsäumt, zu dem zahlreiche kurze Approchen aus den deckenden Ruinen der niedergebrannten Leopoldstadt führten. An vier Punkten — Straßenknoten und Uferplätze der Leopoldstadt benützend — wurden Batterien gebaut, um die erreichbaren Werke der Ost- und Südost-Fronten: Wasser-Schanzl, Gonzagawerk, Biber- und Dominikaner-Bastei, sowie die angrenzenden Stadttheile zu beschießen. Das Festungs-Geschütz war hier im Vortheile des Umfassens; es wehrte sich so gut und wirksam, daß der Angriff erlahmte. Auch ein Versuch der Türken, die nur im Oberbau abgebrannte Schlagbrücke zum Uebergange wiederherzustellen, wurde vereitelt und nicht wiederholt.

Immerhin war es für den Belagerten eine Verschärfung der Bedrängniß, daß er nicht allein frei vor sich sehen konnte, sondern einen Feind im Rücken hatte, von dem er genedt, beläſtigt, ja vielleicht doch auch ernſtlich bedroht war.

24.

Wir wenden uns nunmehr den Ereigniſſen auf dem Felde von St. Ulrich zu.

Am 19. Juli machten die Belagerten ihren erſten Ausfall gegen die am weiteſten vorgedrungene Spitze des Angriffs auf der Ravelin-Kapitale. Sie ſchlugen ſich tapfer, ſchädigten auch den Feind, konnten aber doch keinen nennenswerthen Aufenthalt verurſachen.

Die Türken empfanden das energiſche Feuer des Vertheidigers, namentlich das ſeiner Hagel-Mörſer, und hatten viele Todte.

Am 23. Juli ſprangen die erſten türkiſchen Minen; ſie warfen Palliſaden in den ausſpringenden Winkeln des gedeckten Weges vor den Angriffs-Baſtionen ein und tödteten einige Mann der Beſatzung. Die Türken ſtürmten, wurden aber zurückgewieſen; die Lücken ſofort wieder geſchloſſen.

Am 24. Juli wurde erkannt, daß an der vorigen Stelle neue Minen in Arbeit ſeien, denen man entgegenzugraben verſuchte.

Es nimmt Wunder, daß nicht gleich bei der Ausrüſtung von Wien zur Belagerung auf die Beſchaffung von Mineuren Bedacht genommen worden iſt. Die Belagerung von Kandia war doch damals in friſchem Andenken; man wußte überhaupt, daß bei einer förmlichen Belagerung im Stile der Zeit der Mineur eine große Rolle ſpiele.

In den Nachrichten über die Aufſtellung der kaiſerlichen Armee für den bevorſtehenden Türkenkrieg von 1683 findet ſich die Angabe, es ſeien in Tyrol „beſondere Minirer" geworben worden; wo waren die wohl geblieben, als es ſich um die Formirung der Beſatzung von Wien handelte?

Die „Gedenkblätter ꝛc." ſchreiben: „Die Wirkung dieſer Minen vom 23. Juli veranlaßte Starhemberg, dem Feinde mit Minen entgegenarbeiten zu laſſen, um ihn dadurch zu einem ermüdenden Minenkriege zu zwingen, durch welchen die Feſtung bei der Hoffnungsloſigkeit eines baldigen Entſatzes Zeit gewinnen konnte."

Das ſind ſehr volltönende Worte; ſie geben aber kein richtiges Bild von der Sachlage. Ein richtiger „Minenkrieg" hätte am

Fuße des Glacis oder doch wenigstens auf dem Glacis beginnen müssen; der Contre-Mineur durfte nicht warten bis Pallisaden im gedeckten Wege umgeworfen waren, um nun erst in aller Eile entgegenzugraben. Der Schreiber des citirten Satzes erweist seinem Helden keinen guten Dienst, wenn er ihn erst jetzt den Entschluß fassen läßt, Minen mit Minen zu bekämpfen.

Man ist nicht genöthigt, den Kommandanten und seinen Ingenieur der Versäumniß zu beschuldigen, denn beide hatten auf die Ausrüstung des Platzes kaum Einfluß gehabt. Diese Ausrüstung hatte eigentlich der Zufall gemacht: Der Herzog von Lothringen überließ dem Platze von seinem Fußvolk so viel, als er irgend entbehren zu können glaubte, im kaiserlichen und im bürgerlichen Zeughause waren Waffen und Munition — Mineure waren zufällig nicht vorhanden; nur die bürgerlichen Brunnenarbeiter und einige zufällig in der Stadt befindliche Bergleute lieferten nothdürftig ein Personal.

Mögen wir nun von Starhemberg und Rimpler noch so günstig denken und ihnen zutrauen, daß sie die Lücke in ihrer Vertheidigung früh erkannt und sie auszufüllen beschlossen haben mögen — thatsächlich ist erst am 24. Juli versucht worden, dem feindlichen Mineur entgegenzugraben.

Da Rimpler schon am 25. Juli vom Schauplatz abtreten mußte, erklärt es sich, daß in unseren beiden besten Quellen seiner als eines Leiters oder Organisators des Vertheidigungs-Minenwesens nicht gedacht wird. Im „Kriegsjahr 1683" werden der Ingenieur Camucci (ein Venetianer) und der Hauptmann Hafner von der Stadt-Guardia als die Leiter der Mineur-Arbeiten bezeichnet.

Am 25. Juli, Nachmittags zwischen 4 und 5 Uhr, geschah, was gefürchtet und nicht zu verhindern gewesen war: eine starke Mine öffnete die Spitze des gedeckten Weges vor dem Ravelin. Nicht nur der augenblickliche Verlust war empfindlich, die Lage war überhaupt gefährlich, da die Janitscharen mit großer Heftigkeit anstürmten, um den gedeckten Weg in Besitz zu nehmen. Es gelang dennoch, durch Zuführung von Hilfe, den Posten zu behaupten. Dreimal stürmte der Feind und wurde dreimal zurückgewiesen, das letzte Mal bis in die Glaciskrönung, wo der Ausfall sich lange genug behauptete, um eine Strecke derselben für den Augenblick vertheidigungsunfähig zu machen.

Unter den Opfern dieses Tages war Rimpler, dem in der feindlichen Tranchée durch einen Schuß der linke Arm zerschmettert wurde. Er erlag am 2. August seiner schweren Verwundung.

Am 26. Juli versuchte der Vertheidiger seine erste Sprengung, hatte aber keinen Erfolg; vorläufig verstand man wahrscheinlich weder Ort noch Ladung zu berechnen.

Das gleiche Mißglücken wiederholte sich am 30. Juli.

Der Mineur des Angriffs gab in denselben Tagen mehrere Proben seiner größeren Geschicklichkeit; es fanden auch wiederholt Sturmanläufe statt; beides vermochte jedoch den Vertheidiger noch nicht an der Behauptung des ganzen gedeckten Weges zu hindern. Am 2. August hatte letzterer zum ersten Mal Erfolg mit einer Mine von 400 Pfund vor der rechten Face der Burg-Pastei; dieselbe traf den feindlichen Laufgraben und verschüttete einige Janitscharen.

Anfang August litten die Türken vorübergehend an Munitionsmangel, was sich durch die Lauigkeit ihres Feuerns verrieth; am 11. erhielten sie reichliche neue Zufuhr. Dieser Mangel war eine Ausnahme; die Türken zeichneten sich schon damals durch ihre reichliche Versorgung mit Munition aus; die von vielen Berichterstattern hervorgehobene Wahrnehmung im letzten russisch-türkischen Kriege war also nur Zeugniß, daß eine gute, alte Tradition im türkischen Heere noch unvergessen ist.

Der 3. August brachte in der Vertheidigung des gedeckten Weges einen Wendepunkt. Vier heftige Stürme wurden abgeschlagen, dem fünften vermochte die Besatzung nicht mehr zu widerstehen; sie mußte den ausspringenden Waffenplatz den Janitscharen einräumen, die sich sofort hier verbauten. Die Besatzung wich jedoch nur eine allerkleinste Strecke zurück, schnitt den gedeckten Weg querüber zwischen Crêten-Pallisadirung und Contrescarpen-Mauer durch Pallisaden ab und behauptete sich hier.

Seitens der Türken war jetzt das Glacis in der ganzen Ausdehnung der Angriffsfront mit einem zusammenhängenden Laufgraben gekrönt.

Gegen diese Krönung wirkte der Contre-Mineur am 4. August zweimal mit gutem, am 5. August aber — in der Kapitale der Burg-Pastei — mit ungünstigem Erfolge. Im letzten Falle hatte man sich in der Entfernungsberechnung jedenfalls geirrt; die

Explosion faßte nicht die Krönungsbrustwehr, sondern tagte einen Trichter vor derselben, den sofort die nächsten Janitscharen besetzten, krönten und festhielten.

Der 6. August wurde entscheidend für den gedeckten Weg. Von der am 3. gewonnenen Verbauung im ausspringenden Waffenplatze der Ravelin-Kapitale aus schütteten die Türken mit Erde, Wollsäcken und Faschinen eine Rampe an die steile Contrescarpen-Belleidung und drangen über diese in den Graben. Der Vertheidiger warf sich ihnen entgegen und suchte sie wieder in den gedeckten Weg hinauf zu drängen.

Während dieses Ringens am Ravelin sprang eine türkische Mine, die einen Theil der Contrescarpe vor der linken Face der Löbl-Bastei einwarf und einen zweiten Niederstieg in den Graben anbahnte. Obwohl der Vertheidiger auch hier sich muthig zur Wehr setzte, mußte der Kommandant doch erkennen, daß die durch zwei Lücken herandrängende Fluth nicht mehr zu stauen sei; er gab daher den Befehl zur Räumung des gedeckten Weges.

Vom 23. Juli, wo die ersten Pallisaden durch eine feindliche Mine umgeworfen wurden, bis zum 6. August, wo der Befehl der Räumung erging, also durch 15 Tage täglich sich erneuender Angriffe mit Minen (mindestens sechs großen), Brandlegung und Ansturm, hatte Glacis-Brustwehr und Pallisadirung Widerstand geleistet! So viel aus Beschreibung und Plänen zu entnehmen ist, hat der gedeckte Weg außer der Banket-Pallisadirung und redanförmigen Pallisaden-Tambours in den eingehenden Waffenplätzen dem Vertheidiger nichts zu seiner Sicherung geboten. Die Traversirung der langen Zweige ist erst während der Vertheidigung zur Ausführung gekommen. Daß Hohlbauten vorhanden gewesen seien, muß nach dem sehr deutlichen Plane, den Herlin mittheilt, bezweifelt werden, wenn auch in der Legende dieses Planes das Wort „Caponnieren" vorkommt. Die unzweifelhaft vorhanden gewesenen Hohlbauten im Graben haben in jenem Plane ihre deutliche Signatur; im gedeckten Wege findet sich diese nicht, sondern nur diejenige für einfache lineare Pallisadirung.

Freund und Feind hatten einander so nahe gegenüber gestanden, daß nicht selten zwischen Glaciskrönung und gedecktem Wege Worte gewechselt wurden. Von Worten kam es leicht zu Thätlichkeiten. Ein Augenzeuge berichtet, wie eines Tages die Kaiserlichen mit einer Hakenstange Türken geangelt hätten, die ihre Kameraden dann aber an den Beinen wieder zurückzuziehen sich bemühten.

25.

In der Nacht vom 7. zum 8. August begann der Sappeur den regulären Ausbau des Graben-Niederganges vor dem Ravelin.

Am 9. August wollte der türkische Mineur, zur Vorbereitung des Niederstiegs zum Graben der Burg-Bastei, dieser gegenüber die Contrescarpe einwerfen; die starkgeladene Mine schlug aber rückwärts und wirkte so verderblich in der Glaciskrönung, daß die zum Sturm bereit gehaltenen Janitscharen erschüttert und abgeschreckt wurden.

Die nächsten Tage brachten wiederholte heftige Zusammenstöße im Graben. Durch neue Minen war der Angreifer bemüht, die Contrescarpe mit immer mehr Lücken zu versehen, um mit starken Kräften die Sappenarbeit am Graben-Uebergange unterstützen zu können. Der Vertheidiger benützte seine nahen Schutz- und Beobachtungsörter, die Caponnieren und Pallisadirungen zwischen Ravelin und Bastei, zu häufigem, stürmischem Vorbrechen.

Von sichtlichem Erfolge war einer dieser Ausfälle am Abend des 11. August, der die im Graben Arbeitenden bis in die Glaciskrönung zurücktrieb.

An den Kämpfen um den Abstieg in den Graben und die Festsetzung in demselben hat der türkische Mineur sich mit etwa 12 Sprengungen betheiligt.

Darüber verging fast eine Woche, nach deren Verlauf ein neuer Akt begann.

26.

Am 12. August um Mittag hatte der Angreifer seine Breschmine unter der Spitze des Burg-Ravelins fertig, gab Feuer und stürmte die gelungene Bresche. Der Vertheidiger war darauf gefaßt gewesen und empfing ihn gebührend. Vier Stunden lang dauerte das Ringen; der Feind wurde für diesmal abgewiesen Sein Verlust wird auf 2500 Mann angegeben. Mit Dünger, Woll- und Sandsäcken wurde eiligst die Escarpen-Steile wiederhergestellt, durch Pallisaden die Brustwehr ersetzt.

Während solchergestalt die vorderste Feuerlinie des Ravelins erneuert wurde, waren für die weitere Vertheidigung Abschnitte fertig und in Vertheidigungsbereitschaft gebracht.

Hauptsächlich um den Besitz des Burg-Ravelins drehten sich die erbitterten Kämpfe der nächsten Tage: Stürme von der einen, stehende Vertheidigung und Ausfälle von der anderen Seite; neue Minen des Angreifers, um die immer wieder gesperrte Pforte zu erbrechen; Gegenminen, die der in Uebung gekommene Vertheidiger nun auch wirksamer applicirte, mit denen er die feindlichen Verbauungs-Versuche störte und verzögerte.

Endlich, nach 11 Tagen, am 23. August konnten die Türken ihre Festsetzung im vorderen Drittel des Ravelins für gesichert erachten; dicht vor ihnen stand der Vertheidiger in seinem Abschnitt.

Zwei sehr glückliche Entdeckungen machten die Mineure des Vertheidigers am 24. und 25. August. Sie stießen — 3 m unter der Hofsohle und in 14 m Abstand von der türkischen Verbauung — auf die noch im Vortreiben begriffene türkische Galerie. Die überraschten Türken flüchteten mit Hinterlassung ihres Werkzeuges. Ohne diese glücklichen Funde wäre ohne Zweifel das Ende des Ravelins sehr nahe gewesen.

Bei den Türken trat in dieser Zeit eine große Entmuthigung ein. Man darf mit ziemlicher Sicherheit annehmen, daß sie bereits 40 000 Mann — theils im Kampfe, theils durch Krankheiten — verloren hatten. Viele ihrer Leichen lagen, kaum oder gar nicht mit Boden bedeckt, denn Starhemberg hatte trotz wiederholten Ansuchens nicht die kleinste Waffenruhe zur Beerdigung der Todten zugestanden. Er wollte den Feind mürbe machen; Gesicht und Geruch sollten ihm das Angriffsfeld verleiden. Der Muth der türkischen Truppen wankte auch in der That. Viele Egypter verließen bereits die Laufgräben; die Janitscharen machten sogar ein altes Recht geltend, wonach sie angeblich nicht länger als 40 Tage verpflichtet waren, der Belagerung desselben Platzes obzuliegen.

Der Großwesir mußte all sein Ansehn und seine Ueberredungskunst, Vorspiegelungen von der Erschütterung des Vertheidigers, von dem Elende, das in der Stadt herrsche, von der Beute, die in Aussicht stehe, er mußte schließlich den frommen Zuspruch eines heiligen Mannes und redegewaltigen Predigers aufbieten, um den Kampfesmuth der Janitscharen wieder zu beleben.

Am 25. August begann der türkische Mineur sein Werk an der Löbl-Bastei. Dies gab Anlaß zu einem sehr furiösen Ausfall, der zwar der Besatzung bedeutende Verluste zufügte, den

Angreifer aber doch auch empfindlich schädigte und im Vorschreiten aufhielt.

Am 26. August spielte im Burg-Ravelin eine Mine am Morgen und eine am Abend. Vielleicht war der Mineur, durch die neuliche Erfahrung eingeschüchtert, nicht weit genug vorgegangen; jedenfalls wurde kein Erfolg erzielt, der Vertheidiger wies den Ansturm zurück und behauptete sich in seinem Abschnitte.

27.

Inzwischen beschäftigte sich der Angriff, nächst dem Ravelin, am ernstlichsten mit der Löbl-Bastei. Er hatte in eine seiner vordersten Positionen 3 Geschütze (24-Pfünder) zu einer Art Breschbatterie vorgezogen, mit der er das Escarpen-Mauerwerk der linken Face bearbeitete. Wahrscheinlich wollte er dadurch zugleich den Graben-Uebergang unterstützen, den er durch die Lücke zwischen Löbl-Bastei und Burg-Ravelin gegen die Kurtine in der Nähe des linken Kehlpunktes der Löbl-Bastei herstellen mußte, um schließlich an der bezeichneten Stelle die Kurtine durch den Mineur einwerfen zu können.

Er hat diesen Weg mit großem Nachdruck verfolgt. Der Plan zeigt nicht nur einen einfachen Uebergang, sondern etwa zehn nebeneinander laufende Sappen, die über den Platz, wo die Caponniere gelegen haben muß, hinweg, in voller Breite die Lücke zwischen Ravelin und Bastion füllend, sich gegen die Kurtine richten.

Man erkennt in dieser letzten Arbeit des Sappeurs dasselbe charakteristisch-türkische Princip, auf das wir bei der Schilderung des Sappenangriffs auf dem Vorfelde aufmerksam gemacht haben: wie die Türken im Felde mit großen Massen auftraten, ihre Stürme auf Verschanzungen mit großen Massen führten, so müssen auch die Wege, die der Sappeur herstellt, ein Vielfaches von dem sein, was im christlichen Europa zur Zeit gebräuchlich war.

Der bezeichnete Weg wurde ihnen, wie alle ihre Wege vor Wien, von der unermüdlich thätigen, zähen und hartnäckigen Vertheidigung hart streitig gemacht; sie verloren oft wieder Terrain, ihre Sappeurs wurden verjagt oder getödtet, ihre Sappen und Galerien zerstört.

Auch auf seinem dritten Wege gegen das Burg-Bastion schob sich der Angreifer, wenn auch langsam und viel unterbrochen, durch Ausfälle und Handgranaten belästigt, mehr und mehr im Graben vor, denn auch hier war das nächste Ziel das Anlegen einer Breschmine.

28.

Am 29. August erschütterte abermals eine sehr wirkungsvolle Angriffsmine das Ravelin, welcher 100 Mann von der Besatzung zum Opfer fielen.

Gleichwohl wurde der Abschnitt noch nicht verlassen. Lebhaftes und gut gezieltes Kartätschfeuer von der Kurtine und den Basteien concentrirte sich auf die Verbauung des Angreifers und das kleine Fleckchen des Ravelin-Hofes, das ihn noch vom Vertheidiger trennte.

Endlich, in der Nacht vom 2. zum 3. September, gelang die Wegnahme des Abschnittes. Die letzten überlebenden 50 Mann der Ravelin-Besatzung wurden in den Pallisaden-Tambour gedrängt, der in der Mitte der Kehle den Aufgang aus dem Graben deckte.

Die Caponniere im Graben zwischen Ravelin und Löbl-Bastei brannte nieder; auch an den Pallisaden-Tambour im Ravelin legten die Türken Feuer.

Der halbe Besatzungsrest schoß, die andere Hälfte suchte das Feuer zu löschen.

Jetzt ließ dem tapferen Häuflein Starhemberg sagen: er gäbe seine Erlaubniß, daß sie den Posten verließen. Aber sie blieben und hielten die Nacht durch Stand, bis der Capitän, der sie führte und die Hälfte der Mannschaft gefallen waren.

Andere 50 Mann unter einem anderen Hauptmann kamen am 3. September Vormittags, die Letzten abzulösen.

Als auch der neue Führer und ein Theil der Leute gefallen waren, befahl Starhemberg die Räumung des Postens.

Am 12. August war die Ravelinspitze in den Graben gestürzt; am 3. September standen die Türken als Sieger an der Kehle; 22 mal 24 Stunden hatte dieses eine Werk von mäßigem Umfange sich gehalten. Zu seiner Bezwingung haben etwa 15 Minensprengungen mitgewirkt.

In den erbitterten Kämpfen gab es keine Schonung oder einfache Gefangennahme mehr; Alles, was tödten konnte, wurde aus den Zeughäusern hervorgeholt: neben dem Geschütz, den

Musketen, Doppelhaken, metallenen und gläsernen Handgranaten, Säbel und Picke wirkten auch Sensen an langen Stielen, Hellebarden, Morgensterne, Pech und Wasser, das Weiber und Kinder siedeten und herzutrugen; das bürgerliche Zeughaus allein hat in seiner Ausgabe-Nachweisung 664 Centner Pech, wovon allerdings viel zu technischen, Bau- und Beleuchtungszwecken verwendet, viel aber auch auf Türkenköpfe geflossen sein mag.*)

29.

Mit dem Falle des Ravelins war eine Hauptnummer des türkischen Programms erledigt; über die folgenden konnte kein Zweifel bestehen: die Basteien — wenn auch durch Schüsse geschädigt und erschüttert — hatten doch nicht vom Geschütz, sondern vom Mineur ihre Fällung zu gewärtigen. Die Basteien hatten ihre Abschnitte; die materielle, fortifikatorische Möglichkeit lag vor, sie eben so gut und so lange zu halten wie das Ravelin; ob aber die Kräfte der Besatzung, bei den großen Verlusten, die täglich die Waffen des Feindes und die rothe Ruhr verursachten, noch eine oder zwei Wiederholungen der Ravelin-Vertheidigung gestatten würden? Der energische Kommandant bezweifelte es nicht, er verrieth wenigstens keinen Zweifel. Ueber die Basteien hinaus hatte er schon an die Kurtine gedacht.

Wie es bei dem weit ausholenden Minenangriff und dem Zeitaufwande, den eine so hartnäckige Vertheidigung verursacht, nicht anders sein kann — hatte der Angreifer genau den Punkt verrathen, wo er die Kurtine niederzuwerfen gedacht. Der Kommandant hatte diese Ankündigung sofort beherzigt und Abschnitte auf der bedrohten Strecke herstellen lassen; die Vertheidigung des gedeckten Weges würde sich hier haben wiederholen können. Aber selbst über die Kurtine hinaus ging Starhembergs Voraussicht und Fürsorge; Straßensperren, Barrikaden, Vertheidigungs-Einrichtung von Häusern in den an die Angriffsfront grenzenden Stadttheilen wurden entworfen und die geeigneten Materialien bereit gelegt. Bereit, d. h. bereitwillig kamen Menschen und Dinge dem Kommandanten zwar nicht durchweg mehr entgegen,

---

*) Zur nächtlichen Beleuchtung der Gräben dienten Pechkränze und Dachschindeln (an denen bei den vielen zerschossenen Häusern kein Mangel war), in Theer und Pech getaucht.

aber er verstand sie willig zu machen: fehlte Holz, so wurden Dächer abgetragen, fehlten Arbeitskräfte, so wurden die Vorsichtigen und Feuerscheuen unter den Einwohnern aus ihren sichersten Kellerwinkeln aufgestöbert.

30.

Die Festung war eingeschlossen und die Türken hielten aufmerksame Wache; gleichwohl gelang es zu wiederholten Malen Botschaft hinaus und herein zu schaffen. Die Leiter des Widerstandes waren daher in Kenntniß, daß der Entsatz sich rüste, und wußten, oder durften doch hoffen, daß es nur darauf ankomme, noch Tage, höchstens Wochen das Vorschreiten des Angriffs aufzuhalten. Was den offen zu Tage geführten Kampf betrifft, that die Besatzung ihre volle Schuldigkeit, die Zähigkeit und Standhaftigkeit im Behaupten war der Heftigkeit und dem Nachdruck im Andrängen vollkommen ebenbürtig. Von dem wichtigen unterirdischen Kampfe kann nicht das Gleiche zugestanden werden Unverkennbar hatte die aus wenig oder gar nicht geschulten Personen gebildete Genossenschaft im Minengraben und Laden allmälig Erfahrung und eine größere Gewandtheit gewonnen (man zählt etwa 7 unterirdische Begegnungen und Entdeckungen feindlicher Arbeiten; der Contre-Mineur hat vielleicht 10 mal geschossen, dabei aber kaum 50 pCt. Treffer gehabt) — im Ganzen sind die Leistungen doch nur mäßige. Der für den Contre-Mineur überaus wichtige Horchdienst ist ein sehr schwieriger; man täuscht sich schon in freier Luft (infolge der wechselnden Dichtigkeit der Atmosphäre und der Schallreflexe) über Art und Ort der Ursache von Gehörempfindungen; unter der Erde, wo das schallfortpflanzende Mittel in Bodenschichten besteht, ist das Urtheil noch viel unsicherer; es wird außerdem durch die Konkurrenz fremder, oberirdischer Geräusche leicht beeinflußt. Wenn der Platz (wie in Kandia der Fall war) ein weitverzweigtes vorbereitetes Minensystem hat, in welchem zeitweise eigne Arbeiten gar nicht ausgeführt werden oder auf ein gegebenes Zeichen in gleichem Augenblicke aufhören, dann können die in ihren Horchgängen mit dem Ohr am Boden auf der Lauer liegenden Wachen, die durch Uebung und Erfahrung den Schall der verschiedenartigen Hantirungen des Mineurs kennen, allenfalls Art und Richtung zutreffend beurtheilen; aus der Zusammenstellung der über denselben Zeitmoment von den verschiedenen Oertern eingehenden Horch-Rapporte kann demnächst der Leitende, unter Zuhilfenahme des Planes, den Ort des Gegners ermitteln und die geeigneten Anordnungen treffen, um durchschlägig zu werden, d. h. die Galerie des Feindes direkt zu öffnen die feindlichen Arbeiter zu vertreiben, die etwa schon eingebrachte Ladung fortzunehmen oder ungefährlich zu machen, schlimmstenfalls die eigene Galerie zu verspreizen und die eigenen Arbeiter zurückzuziehen, um den Schuß des Gegners möglichst unverderblich zu machen. Dieser Dienst ist — wie aus den Berichten, namentlich auch dem von Scheither gegebenen, zu schließen — in Kandia sehr gut organisirt gewesen und ausgeführt worden; der Angreifer hat dort den größten Respekt vor seinem unterirdischen Gegner gehabt.

In Wien bestand kein Contreminen-System. Im gedeckten Wege und im Ravelin konnte der Vertheidiger dem Angriffs-Mineur nicht anders beikommen als durch Aufgraben von Tage aus. Ein ordentlicher Horchdienst war hier unmöglich, denn aus der Luft in den Boden hört man kaum, wenn jene still ist, geschweige durch das Getöse des oberirdischen Feuergefechts hindurch. Hier waren Begegnungen und Minen-Auffindungen also Glücksfälle. Die Basteien haben jedenfalls in den Flanken Souterrains besessen; leider konnten wir nichts darüber feststellen, ob sie nicht vielleicht auch jene kleinen Escarpengalerien besessen haben, die in den Bauwerken italienischen Stils nicht selten angetroffen wurden. Dieselben dienten nicht der Feuervertheidigung des Grabens, sondern der Vertheidigung gegen den Breschmineur. Dieser Anlagen wegen war es in der Zeit der höchsten Blüthe der Breschlegung durch Minen Regel, unter den Fundamenten der einzuwerfenden Mauer, folglich auch unter der etwa vorhandenen Escarpengalerie fort, an den Ort hinter der Mauer vorzubringen, wo die Ladung anzubringen war.

De Ville, ein Zeitgenosse Freitags (gegen 1630), schildert sehr ausführlich den normalen Weg des Breschmineurs. Dieser Weg ist weit und beschwerlich. Er beginnt in dem vordersten oberirdischen Laufgraben, (Waffenplatz, Glaciskrönung oder Logement); er gewinnt die Tiefe mit lothrechtem Schacht (à plomb) oder mit geneigtem, einem sogenannten Schleppschacht (descente); er geht vorwärts durch söhlige Galerien (allée bei weiterem, canal bei engmöglichstem Querschnitte), unterfährt so die Grabensohle und muß drüben an der Escarpe meistens nochmals in die

Tiefe. An der Contrescarpe oder auch an der Escarpe legte man, um mehr Front und ein Relais für den Bodentransport zu gewinnen, gewöhnlich Querschläge (taillades) parallel zur feindlichen Mauer an, von denen aus man dann an beliebigen Stellen weiter vorging. Wir sehen hier ein unterirdisches Abbild des Sappen-Angriffs; die Tailladen sind gleichsam die unterirdischen Parallelen, während die Descenten, Alleen und Kanäle die Approchen vertreten. Eine besonders kunstreiche Schachtführung war die „cascane", nämlich ein lothrechter Schacht in mannshohen Absätzen, um die Communication der Arbeiter und das Zureichen des Bodens in Körben von Absatz zu Absatz zu erleichtern.

Tensini, der gleichzeitig mit de Ville schrieb, tadelt dieses umständliche Miniren von weit her und will den Mineur, nachdem der Sappeur den Grabenübergang hergestellt hat, oberirdisch an der Escarpe ansetzen. Breschlegung durch den Mineur zieht auch Tensini ausdrücklich dem unsichern Breschschießen vor.

Daß die Türken vor Wien vorzugsweise den von Tensini bezeichneten Weg eingeschlagen haben, ist unverkennbar; er hat die langwierigen erbitterten Grabenkämpfe verursacht. Einzelne Angaben bringen auf den Gedanken, daß sie auch eine Unterfahrung der Fundamente an einzelnen Stellen, namentlich an der Burg-Bastei, versucht haben mögen; an den eben skizzirten systematischen Gang, von dem de Ville berichtet, dürfte dabei jedoch nicht zu denken sein. Mittheilungen finden sich jedoch, die dahin lauten, daß man im Platze den türkischen Mineur unter sich gehört habe. Dies wäre am glaublichsten, wenn die Burg-Bastei eine Escarpengalerie gehabt und der türkische Mineur das Escarpen-Fundament unterfahren hätte. Freilich ist das ungeübte Ohr — namentlich unter dem Einflusse der Furcht vor dem Mineur, die der Furcht vor dem Erdbeben gleicht — der unzuverlässigste unter den Sinnen des Menschen. Zwei Vorkommnisse mögen als Beispiel und Belege dienen. Eines Tages wurde Starhemberg beim Mittagsessen aufgeschreckt mit der Nachricht, der türkische Mineur sei bereits unter der Burg; als man dem Klopfen nachging, kam man im Souterrain in — einen Pferdestall! — Scheither berichtet von einer im Jahre 1646 auf die Minenfurcht basirten Kriegslist eines Belagerers, der sich wegen der anderweitigen Kriegslage zum Abzuge gezwungen sah, wenn er nicht alsbald Herr des Platzes würde. Er ließ ostensibel einige Gefangene oder Spione in seinem

Logement Schächte und Ladungs-Vorbereitungen sehen. Dann sorgte er dafür, daß diese Wahrnehmung in die Festung gelangte. Dort war schnell das Gerücht verbreitet, daß in jedem Augenblicke die ganze Stadt in die Luft fliegen könne. Magistrat und Bürgerschaft, Frauen und Kinder, die gesammte Geistlichkeit — eilten zum Kommandanten und baten fußfällig, er möge das sichere Verderben Aller abwenden und schleunigst kapituliren! Der Kommandant war ein guter Mann und ein schlechter Mineur; er kapitulirte wirklich — obwohl seine Festung einen breiten Wassergraben hatte!

Daß die improvisirten Wiener Contre-Mineure bei allem guten Willen sich den Minen-Grusel nicht ganz haben abgewöhnen können, bezeugt eine Aeußerung Starhembergs in einem seiner Briefe an den Herzog von Lothringen. Er beklagt, daß er in diesem wichtigen Stücke der Vertheidigung schlecht bedient sei und sagt: wenn seine Minirer vom Feindlichen etwas hörten, so hielte sie kein Teufel mehr vor Ort fest.

31.

Am 2. September rüttelte die erste türkische Mine an der Burg-Bastei, ohne sie ernstlich zu beschädigen.

Am 3. September stießen unter dem Bastion die beiderseitigen Mineure aufeinander. Leider fehlt die Erklärung, auf welchem Wege der Vertheidiger zu dieser Begegnung gelangt ist; es bleibt also überlassen, eine Aufgrabung oder Schachtabteufung vom Hofe des Bastions, oder das Ausgehen aus einem Souterrain, aus der möglicherweise vorhanden gewesenen Escarpengalerie anzunehmen. Beide Parteien erschraken und flohen vor einander. Es fanden sich jedoch beim Vertheidiger Beherzte, die wieder vorgingen, sich aber begnügten, die vorhandene Lücke zu schließen.

Leider wurde der glückliche Zufall nicht ausgebeutet, ein nahe gelegener türkischer Minenofen wurde nicht aufgefunden, und so sprang denn am 4. September eine gewaltige Mine, die auf 10 m Länge die rechte Face der Burg-Bastei niederwarf.

Zu dem unmittelbar anschließenden Sturme soll der Angreifer 4000 Mann geführt haben. Er wurde mit einem Verluste von 500 Mann abgewiesen, die Bresche nach Möglichkeit ebenso wieder hergestellt, wie es bei der ersten Bresche im Ravelin geschehen war.

Ein am 5. September wiederholter Sturm wurde gleichfalls abgeschlagen.

Die Burg-Bastei ist noch von 2 Schüssen des Mineurs getroffen worden. Der Angreifer würde natürlich gern auch dieses Werkes Herr geworden sein, namentlich um sich gegen Rückenfeuer für den Moment zu sichern, wo er an dem ins Auge gefaßten eigentlichen Einbruchspunkt, dem Kurtinen-Anschluß an die Löbl-Bastei, angelangt sein würde; die Burg-Bastei war ihm jedoch, wenn auch wünschenswerth, so doch nicht unerläßlich nothwendig, und da er nun doch schon auf dem Punkte war, an das Haushalten mit seinen Kräften denken zu müssen, so übte er hier einen nur mäßigen Druck. Um so kräftiger wandte er sich gegen die Löbl-Bastei.

32.

Am 6. September Mittags spielte hier die gefürchtete Mine. Von der unten 7 m dicken Bekleidungsmauer der linken Face wurden 12 laufende Meter zertrümmert.

Auch hier schloß sich der Sturm einiger tausend Türken unmittelbar an; ein erbitterter Kampf, wie alle vorherigen, folgte; nach zweistündigem Ringen wich der Angreifer mit Hinterlassung von 1500 Todten.

Am 8. September erhielt die Löbl-Bastei durch 2 Minen eine zweite Bresche und erfuhr einen neuen sehr heftigen Ansturm, der zuletzt eine für den Vertheidiger bedenkliche Wendung zu nehmen drohte. Da entstand ein Alarm im Lager, der die Janitscharen stutzig machte und zum Ablassen bewog. Wahrscheinlich haben sie den Entsatz, dessen Vorbereitung ihnen nicht verborgen geblieben war, für die Ursache jenes Alarms gehalten und sind deshalb von der Bresche zurückgewichen.

33.

Am 9. September gelang dem Angreifer wieder ein wichtiger Fortschritt, indem er die Vertheidiger aus dem Unterwall vor der Kurtine an der Löbl-Bastei verdrängte. Durch diesen Erfolg endlich Herr des Grabens bis an den Fuß der Escarpe, war er nun im Stande, den Breschmineur an der Kurtine anzusetzen. Es soll dies an 3, nach anderen Berichten sogar an 7 Stellen geschehen sein.

34.

Von da ab hat die Belagerung noch drei Tage gewährt, denn die Laufgräben blieben besetzt, die Batterien feuerten und der

Mineur unterwühlte die Kurtine, obgleich der Großwesir mit seiner Hauptmacht nunmehr die große Linksschwenkung hatte ausführen müssen, durch die er Front gegen den Wiener Wald und den von dort zu gewärtigenden Entsatz machte.

Drei Tage, in denen keiner jener großen und intensiven Zusammenstöße sich mehr ereignete, dergleichen in unübersehbarer Fülle von Ansturm, Widerstand und Ausfall seit dem 19. Juli stattgefunden hatten, in denen aber die Spannung begreiflicherweise den höchsten Grad erreicht hatte!

Durch den Verlust vor dem Feinde und durch Krankheit war die Besatzung auf ein schwaches Drittel ihres anfänglichen Bestandes zusammengeschmolzen; auch die Einwohnerschaft hatte schwer gelitten, Muth und Spannkraft ließen nach; endlich gingen auch die Lebensmittel zur Neige.*)

Es drang Nachricht in die Stadt, daß nun die Hilfe nahe sei; dann sah man ihre Boten, die Raketen, steigen; dann eine Fahne auf dem Kahlenberge wehen; sah endlich die an den Hängen des Gebirges niedersteigenden Schaaren der Freunde, sah Christen und Türken aufeinanderstoßen ... welche 3 Tage der höchsten Spannung!

In jedem Momente, während draußen auf dem Felde schon gekämpft wurde, konnten hier in der Festung die letzten Minen springen, konnte die Kurtine zusammenstürzen und über ihre Trümmer der Feind in die Stadt einbrechen!

Für unsere Betrachtung ist hiermit die Belagerung von Wien zu Ende. Nicht minder interessant und lehrreich wie die Geschichte dieser Belagerung ist die Geschichte des Entsatzes, der wir uns jetzt zuzuwenden haben.

35.

Als Krems und Tulln an der Donau, oberhalb Wien, den im Anmarsch befindlichen Hilfsvölkern als Sammelstellen bezeichnet wurden, war man selbstredend schon schlüssig über den Operationsplan für den Entsatz von Wien.

Der Herzog von Lothringen machte Vorschläge, der Hof-Kriegsrath berieth, und der Kaiser traf die Entscheidung.

---

*) Der brave Bürgermeister v. Liebenberg erlag in diesen letzten Tagen der Krankheit, die so Viele hingerafft hat.

Es standen sich anfänglich zwei Meinungen gegenüber, behufs deren Würdigung man die Boden- und Wasser-Verhältnisse des Landstriches, in dem der Kampf zu führen war, sich vergegenwärtigen muß.

Zwischen dem Inn, an dessen Einfluß Passau liegt, wo damals der Kaiser Zuflucht gesucht hatte, und dem Wienflusse — eine Strecke von reichlich 30 geographischen Meilen — zieht sich als nördliche Vorstufe der Alpen die wellige, durch Seitenthäler stark eingekerbte Terrasse des österreichischen Berglandes (Oesterreich ob und unter der Enns) das rechte Donau-Ufer entlang von Westen nach Osten. Unfern oberhalb Wien nimmt die Donau eine von Nordwest nach Südost verlaufende Richtung. Hier ist der rechte Flügel jener Terrasse, das höher aufschwellende Berggebiet des Wiener Waldes. Derselbe setzt sich in seinem gegen Nordwest gerichteten Abfalle (vergl. Fig. 1 der beiliegenden Zeichnung) mit fast geradlinigem Fuße scharf markirt von einer Weitung des Donau-Thales, dem „Tullner Felde", ab und wird von einem mit der Stadt Tulln gleichnamigen rechtsseitigen Donau-Zuflusse besäumt. Mit seinem nördlichsten Punkte tritt der Wiener Wald dicht an das rechte Stromufer, begleitet dasselbe längs der hier beginnenden nordwest-südöstlichen Strecke bis dahin, wo der Wiener Donauarm, der Donau-Kanal, sich vom Hauptstrom abspaltet, und biegt dann mit seinem Südfuße von der Donau ab.

Auf dem linken Donau-Ufer treten die viel unbedeutenderen Erhebungen der südlichen mährischen Terrasse, insbesondere ein die March rechtsseitig in nord-südlicher Richtung begleitender Rücken, im Bisamberge an den Strom heran. Aus der Gebirgspforte, die einerseits der Wiener Wald, andererseits der Bisamberg bilden, tritt die Donau in eine Tiefebene — links das Marchfeld, rechts das Steinfeld.

Den Uebergang aus diesem „Wiener Becken" in die oberungarische Tiefebene bildet eine zweite Gebirgspforte, indem bei Presburg — 8 Meilen oder 55 km unterhalb Wien — links die kleinen Karpathen, rechts das Leitha-Gebirge dicht an den Strom treten; jene Mähren, diese Oesterreich gegen Ungarn abgrenzend.

Die Donau hat durchweg einen sehr gewundenen Lauf, ist vielfach in Arme gespalten und enthält zahllose große und kleine, größtentheils bewaldete Strominseln, „Auen."

Ueber die Donau-Spaltung bei Wien, ihre heutige, von der damaligen verschiedene Beschaffenheit, ist bei der Schilderung der Stadtlage das Erforderliche bereits angeführt worden.

36.

Die Bedeutung von Preßburg für die dermalige Kriegslage ist bereits bei Erwähnung der Unternehmung des Herzogs von Lothringen, durch welche derselbe Tököly von der Donau abgedrängt hatte, gewürdigt worden.

Wie es unbedingt richtig gewesen war, Tököly nicht nach Preßburg zu lassen, von wo er freundschaftlich Fühlung mit den Türken würde haben gewinnen können, so wäre es nur folgerecht gewesen, selbst Preßburg zu behaupten, um feindlich mit den Türken in Fühlung zu kommen. Hatte der Herzog im Juli sich für zu schwach erachten dürfen, diese die Operationslinie des Feindes bedrohende Stellung zu behaupten, so blieb zu erwägen, ob die durch auswärtige Hilfe auf das Vierfache gestiegene Streitmacht nicht stark genug sein werde, den Entsatz von Wien über Preßburg herbeizuführen.

Der Herzog von Lothringen vertrat von Anfang an die andere Meinung, nämlich: von oberstrom her, über den Wiener Wald, den Türken in Rücken und linke Flanke zu kommen.

Dies würde in unseren Tagen eine sehr bedenkliche Unternehmung gewesen sein. Ein Angreifer von heut, dem zwei Monate Zeit zum Angriff von Wien und zur Deckung seiner linken Flanke, und gegen 200 000 Mann zur Disposition stünden, würde aus dem Wiener Walde mehr als ein Plewna machen und dem Entsatzheere einen üblen Empfang bereiten.

Aber der Herzog von Lothringen war ein Feldherr des 17. Jahrhunderts und hatte mit den Türken und Ungarn dieses Jahrhunderts zu thun.

Beider Gegner Hauptstärke im Felde bestand in der Reiterei und zwar in einer Reiterei, wie sie in unseren Tagen Rußland in Turkestan findet, die blitzschnell kommt und blitzschnell schwindet, beständig neckt und schädigt, was sich nicht wehren kann, aber Infanterie-Massenangriffen, auch geordneter festgeschlossener Reiterei und dem Artilleriefeuer schlecht Stand hielt.

Solchem Feinde gegenüber war die Ausdehnung bis Preßburg nicht unbedenklich. Es hätte gegolten, vor Ankunft des Entsatzes, bei Presburg festen Fuß zu fassen und Brücken über die Donau zu schlagen. Das Material dazu konnte von der unterhalb Presburg gelegenen Donaustrecke wegen der durch Tököly herbeigeführten Unsicherheit, und von oberhalb her wegen der Türken schwerlich zusammengebracht werden. Auch für das gesammelte Entsatzheer erschien es als gefährliche Aufgabe, zwischen zwei Feinden, die so leicht beweglich waren, wie die Türken in der Front und die Ungarn im Rücken, den Stromübergang auszuführen. Endlich konnte man aus Sicherheitsgründen nicht daran denken, die aus drei Richtungen — von Bayern und Schwaben, von Sachsen und von Polen — herankommenden Hilfsvölker einzeln nach Presburg zu instradiren; sammelte man sie aber erst oberhalb des Wiener Waldes, dann konnte man, wenn der Weg über diesen in die linke Flanke des Belagerers genommen wurde, der bedrängten Stadt mindestens 3 bis 4 Tage früher zu Hilfe kommen, als wenn über Presburg der Angriff auf die rechte Flanke des türkischen Heeres gerichtet worden wäre.

37.

Der Großwesir wußte von Anfang an, daß Entsatz geplant werde; er erkannte auch, daß es für ihn vortheilhaft sein würde, wenn es gelänge, den Keim und Kern des Entsatzes, die unter dem Herzog von Lothringen im Felde stehenden Streitkräfte des Kaisers von der Donau abzudrängen. Als sich daher die durch den Zusammenstoß bei Presburg in Unordnung gerathenen Schaaren Tökölys wieder gesammelt hatten, veranlaßte er seinen Bundesgenossen zum Einfall in Mähren, um den Herzog im Rücken zu bedrohen, zu beschäftigen und abzuziehen, während er seinerseits von seiner Angriffsstellung vor Wien aus oberhalb der Stadt sich auf dem linken Stromufer bis in die Höhe des Wiener Waldes in Besitz des Geländes zu setzen suchte.

Ein Versuch gegen das feste Klosterneuburg mißlang, zufolge tapferer Abwehr der Bürgerschaft und der geistlichen Herren des berühmten und reichen Augustiner-Stiftes. Auf dem linken Ufer kam es — am 24. August — zu einem heftigen und blutigen Zusammenstoß am Bisamberge. Die Türken erlitten eine entschiedene Niederlage und der Herzog blieb so vollständig Herr des linken Ufers, daß die Versammlung der Hilfsvölker bei Krems und Tulln auf dem rechten Stromufer durchaus gesichert erschien.

Die nöthigen Brücken für die Sachsen und Polen waren hier jeder Bedrohung und Gefährdung durch den Feind entzogen.

Da der Großwesir um diese Zeit nicht mehr zweifelhaft sein konnte, von wo her der Feind zu erwarten sei, muß es Wunder nehmen, daß er nichts zur Behauptung des Wiener Waldes gethan hat. Einige Nachrichten sprechen zwar von Wegsperrungen durch Verhaue, doch haben diese — wenn sie überhaupt bestanden — durchaus keine taktische Bedeutung, da sie jedenfalls nachmals nicht besetzt und vertheidigt worden sind.

Vielleicht war es Sorglosigkeit und Ueberhebung, Trotzen auf seine numerische Ueberlegenheit, was den Großwesir bewogen hat, den Vortheil, den ihm die Natur des Geländes bot, nicht auszunutzen, vielleicht auch richtige Erkenntniß der Unzulänglichkeit seiner Führerkunst und der taktischen Ausbildung seiner Soldaten, was ihn von der Zertheilung seiner Kräfte in einem unübersichtlichen, viel durchschnittenen Berg- und Waldrevier abgeschreckt hat. Jedenfalls hat der Großwesir durch sein passives Abwarten der Gegenpartei das gefährlichste Stück ihrer Aufgabe, das Uebersteigen des 11 km breiten Wiener Waldes, zum ungefährlichsten gemacht.

38.

Ob nur kluge Berechnung, Einsicht, richtige Würdigung der Natur des Feindes, ob auch das Glück zum Erfolge beigetragen hat — immer ist es der Erfolg desjenigen Planes, den der Herzog von Lothringen entworfen, vertreten und durchgesetzt hat.

Dem Herzoge gebührt daher ein wesentlicher Antheil am Ruhme des Sieges, ein größerer Antheil, als in den allgemein gehaltenen Berichten der Geschichts-Compendien ihm zugebilligt wird, die — den Polen nachsprechend — nur Johann Sobieski als den Befreier von Wien, den Retter der Christenheit nennen und preisen.

Kaiser Leopold, der nach Temperament, Erziehung und Lebensgewohnheiten nichts Feldherrnmäßiges an sich hatte, empfand es gleichwohl als politische Schicklichkeit und Regentenpflicht, in dem Momente — nominell wenigstens — die Führung zu übernehmen, wo das aus verschiedenartigen, sogar national dissonirenden Elementen zusammengeschweißte Kriegsheer sich zum Entsatze seiner vom Erbfeinde bedrängten Hauptstadt anschickte. Er nahm aber wahr, daß Johann Sobieski, im (berechtigten) Gefühle seiner militärischen Erfahrung, und eifersüchtig auf seine Königswürde, sich ungern — selbst dem deutschen Kaiser — untergeordnet und mit der zweiten Stelle begnügt hätte. Er trat daher von seiner Idee, bevor er sie verlautbart hatte, zurück und begnügte sich mit Begrüßung und Besichtigung der zum Kampfe Gerüsteten.

Daß nunmehr der König von Polen an die Spitze des Unternehmens trat, war selbstverständlich. Es hätte ihm zuerkannt werden müssen, auch wenn er mit seinen 24 000 Mann nicht den stärksten Beitrag zu dem vereinigten Heere geliefert hätte.

Daß Sobieski unter diesen Umständen der Träger und Repräsentant des Befreiungswerkes, der Gegenstand des augenblicklichen Enthusiasmus der befreiten Wiener und der nachfolgenden Bewunderung der Geschichtschreiber geworden, ist erklärlich. Aber mehr erklärlich als gerecht, und es muß jede Gelegenheit ergriffen werden, auch die anderen Mitwirkenden, vor Allen aber den Herzog von Lothringen in den Glorienschein zu rücken, der Johann Sobieski umstrahlt.

39.

Am 7. September war das Entsatzheer auf dem Tullner Felde versammelt.

Ueber die Stärke desselben schwanken die Angaben in sehr weiten Grenzen. Nur folgende sind einfach vorhanden:

	Mann	Reiter	Geschütze
Die Reichstruppen unter Fürst Waldeck	7 000	2 500	12
Die Sachsen unter Kurfürst Johann Georg III.	7 000	2 000	16
Die Kaiserlichen unter dem Herzog von Lothringen.	8 100	12 900	70
Bis dahin	22 100	17 400	98

In Bezug auf die Bayern stimmen die Berichte nur für die Reiterei (3000) und Geschütze (38); die Infanterie wird zu 7500 aber auch zu 13 000 Mann angegeben.

Noch unsicherer ist die Angabe für die Polen. Neben 28 Geschützen werden ihnen 10 200, aber auch nur 3000 Mann, und 14 000, aber auch 12 000 Reiter zugeschrieben.

Man hat demnach die Wahl, die Stärke des Entsatzheeres an Infanterie zu 22 100 + 7 500 + 3 000 = 32 600 Mann
bis 22 100 + 13 000 + 10 200 = 45 300 Mann,
die Reiterei zu 17 400 + 3 000 + 12 000 = 32 400 Pferden
bis 17 400 + 3 000 + 14 000 = 34 400 Pferden
anzunehmen. Der Durchschnitt der extremsten Angaben führt zu den Zahlen: 61 050 Mann, 50 800 Reiter, zusammen 111 850 Streiter und 164 Geschütze.

„Das Kriegsjahr 1683" rechnet, daß für den Zusammenstoß mit den Türken rund 80 000 Streitbare mit rund 170 Geschützen in Bereitschaft gestanden haben dürften, denen der Großwesir, nachdem er etwa 30 000 Mann zur Fortführung der Belagerung abgezweigt hatte, wahrscheinlich mit rund 100 000 Mann gegenübergestanden habe.

Man wird annehmen dürfen, daß die beiderseitigen Streitkräfte in der Entsatz-Schlacht sich nahezu die Waage gehalten haben.

Die einsichtigsten unter den türkischen Generalen sollen noch um diese Zeit gerathen haben, dem Feinde entgegenzugehen und im Gebirge Stellung zu nehmen; der Großwesir blieb seiner Ansicht treu; er wollte dem Platze nahe bleiben, dessen Fall vor der Entsatz-Schlacht er wohl noch immer gehofft haben mag, und stellte daher seine Schlachtordnung am Fuße der südlichen Abhänge auf.

In Fig. 1 der beiliegenden Tafel sind nur diejenigen Punkte und Linien des Geländes angegeben, aus denen sich das Hauptgerüst des Wiener Waldes in Erhebungen und Einsenkungen an Bedeutung für die Taktik des Anmarsches und der Schlacht aufbaut.

40.

Der Abmarsch vom Rendezvous auf dem Tullner Felde erfolgte am 10. September in drei (in der Plan-Skizze durch Pfeile markirten) Marschlinien.

Die Kaiserlichen und die Sachsen marschirten zwischen dem Gebirgsfuße und dem Stromufer über Greifenstein, Höflein, Kritzendorf; Bayern und Reichstruppen nahmen den mittleren Weg über St. Andreä und Gugging; die Polen am rechten Flügel über Königstetten.

Mitte und rechter Flügel passirten die erste Schwelle des Berglandes. Im Ganzen wurde die Stellung in der Einsenkung, dessen Hauptwasserlauf der Haselbach ist, erreicht, markirt durch die Ortschaften Kirchbach, Hinterberg, Kirling, Klosterneuburg.

Daß der letztgenannte Ort, wie oben erwähnt, festgehalten war, diente jetzt zu großer Erleichterung der Bewegung. Es war von hier aus bereits am 10. eine Abtheilung auf den Kahlenberg vorgeschoben worden, die dem bedrängten Wien durch Aufziehen einer Fahne ein tröstliches Zeichen gab. Ein anderes vorgeschobenes Detachement hielt die Front gegen feindliche Reitertrupps gedeckt, die jetzt ausforschend in den Waldbergen erschienen.

Ein versuchter Vorstoß der Türken gegen die Vorwacht auf dem Kahlenberge wurde durch rechtzeitige Zusendung von Verstärkungen vereitelt.

41.

Am 11. September wurde bei Tagesanbruch der zweite Tagemarsch angetreten, dessen Ziel die Kette von Höhepunkten war, die, von Wien gesehen, den Rücken des Wiener Waldes bildet: Dreimarkstein, Herrmannskogel, Vogelsang, Kahlenberg und Leopoldsberg.

Es mag hier zur Vermeidung von Mißverständnissen angemerkt werden, daß die Bezeichnung „Kahlenberg" damals eine allgemeinere, den ganzen von Wien aus sichtbaren Rücken in seiner rechts gelegenen, zur Donau abfallenden Strecke umfassende Bedeutung hatte, daß dieselbe aber, nach dem zeitgenössischen Plan von Hallart, noch speciell für die vorderste Kuppe galt, die heute Leopoldsberg genannt wird. Die auf derselben Stelle schon damals vorhandene Kapelle hieß Leopoldskapelle. Die nächste deutlich unterschiedene Kuppe, die heute den Namen „Kahlenberg" trägt, wurde damals „Josephsberg" oder auch nach dem dort belegenen Kloster der Kamaldulenser benannt. Die beiden Kuppen — der heutige Kahlenberg ist die höhere — erheben sich 300 bis 400 m über die Donau.

Der Marsch am 11. September erfolgte unter Benutzung aller vorhandenen Wege in 5 Kolonnen.

Es war die Wasserscheide zwischen Haselbach und Weidlingbach, dann dessen Thal zu überschreiten und dann der Aufstieg zum Hauptrücken zu nehmen.

Die steilen und engen, oft tief eingeschnittenen Wege waren infolge anhaltenden Regens in sehr schlechtem Zustande und machten den Marsch sehr beschwerlich; nur die leichtesten Regimentsgeschütze konnten mit den Truppen Schritt halten.

Um 11 Uhr Vormittags war das der Entfernung nach sehr unbedeutende, kaum eine Meile betragende, aber durch die Wegebeschaffenheit doch schwierige Marschpensum erledigt, war der Hauptrücken des Wiener Waldes erstiegen.

Die Truppen nahmen eine Front von 1½ Wegstunden (rund 6 Kilometer) ein: rechts, am Dreimarkstein, die Polen; in der Mitte, am Vogelsang, Bayern und Reichstruppen; an der Leopoldskapelle und bei den Kamaldulensern die Kaiserlichen und die Sachsen.

42.

Sobieski und Lothringen kamen auf dem günstigsten Aussichtspunkte zusammen, hielten Umschau und beriethen.

Die Stellung des Feindes unter ihnen war deutlich zu übersehen. Sie füllte den nordwestlichen Quadranten des Umkreises von Wien mit einem Abstande von etwa 4 Kilometer im Westen bei Ottakring und von 4 bezw. 6 Kilometer bei Döbling und Nußdorf. Links begrenzte die Donau, rechts das Thal des Alserbachs das Feld, auf dem zu kämpfen war. Wellig und gefurcht, mit mannigfaltigen Kulturen, namentlich auch mit schwer passirbaren Weingärten bedeckt, senkte sich der Gebirgsabhang zur feindlichen Stellung hinunter; als die wichtigsten Einkerbungen markirten sich die Thäler des Schreiber-, des Grünzinger- und des Kroten- (Kroaten-) Bachs.

Sobieski fand das Terrain für die Reiterei schwierig; das Thal des Alserbachs erkannte er als seine gebotene Operationslinie, erbat sich aber vom Herzoge 4 deutsche Bataillone, die durch Besitznahme des rechten Thalrandes des Alserbachs (Heu- und Galizinberg) seine rechte Flanke für den gefährlichsten Moment seines Austritts aus der Thalenge in das freie Feld (bei Waldegg und Dornbach) sichern sollten.

In diesem Unterstützungsgesuch Sobieskis liegt ein Zeugniß, daß er sehr gut von den Deutschen und ihrer zähen Widerstandskraft gedacht hat; auch ein Zeichen dafür, daß er klug war, und für alle Fälle sich einer fremden Mitverantwortlichkeit versicherte.

Daß man bei der Schwierigkeit des Gefechtsfeldes morgen schon zur Entscheidung kommen könne, bezweifelte Sobieski. Im Uebrigen hatte er Vertrauen zur Sache, „denn" — bemerkte er —

„ein Feldherr, der sich trotz unserer Nähe weder verschanzt noch
concentrirt, sondern lagert, als wären wir 100 Meilen von hier,
ist prädestinirt, geschlagen zu werden."

Der Herzog von Lothringen beschloß, mit dem linken Flügel
auf der Zunge zwischen Donau und Schreiberbach gegen Nußdorf
und Döbling vorzugehen, um den kürzesten Weg zum Platze zu
öffnen und den rechten türkischen Flügel von der Donau abzudrängen.

Diese Absicht und ihre Gefährlichkeit hatte der Großwesir
vorausgesehen und passende Gegenmaßregeln getroffen: mit Janitscharen hielt er Nußdorf und das linke Ufer des Schreiberbachs
besetzt; bedeutende Reitermassen waren, als linke Flügelsicherung
jener, auf dem rechten Ufer des Schreiberbachs bis an den Fuß
der Berge vorgeschoben.

Zur Unterstützung des Vorgehens der Entsatz-Armee wurde
der Waldsaum auf der Kammhöhe mit Truppen besetzt und über
Nacht bei dem Kamaldulenser-Kloster eine Batterie gebaut.

43.

Den 12. September begannen die christlichen Führer mit einer
gottesdienstlichen Handlung, zu der sie sich in der Leopoldskapelle
versammelten. Auch Sobieski kam dazu von seinem entferntesten
Standpunkte herüber.

Die Türken eröffneten den Kampf, indem sie gegen den bei
Tagesanbruch entdeckten Batteriebau am Kamaldulenser-Kloster
einen Vorstoß unternahmen. Das daran sich anknüpfende Gefecht
gab den Anlaß zum früheren Vorrücken der ganzen Schlachtordnung.

Die Kaiserlichen am linken Flügel, unter specieller Führung
des Herzogs von Lothringen, gewannen Terrain, wenn auch langsam und nach einigem Vorwärts- und Rückwärtswogen der auf-
einanderstoßenden feindlichen Massen.

Um 8 Uhr Morgens hatten linker Flügel und Centrum — die
Kaiserlichen, Sachsen, Bayern, Reichstruppen und deren unter dem
Herzog von Sachsen-Lauenburg vereinigte Reiterei — eine Linie
inne, die von der Donau und dem nahe oberhalb Nußdorf sich
erhebenden Nußberge über Krapfenwaldl und Kobenzl (in
unserem Plane nicht eingeschriebene kleine Ortschaften), fast genau
von Ost nach West laufend, etwa 5 km lang war.

Diese Linie hatte, um der türkischen Stellung parallel zu werden, noch etwas links zu schwenken und außerdem durch Rechts= ziehen die Verbindung mit den Polen am rechten Flügel an= zustreben, die noch weit zurück waren. Warum dieselben, die doch den weitesten Weg hatten, am spätesten angetreten sind, ist nicht klar zu ersehen; vielleicht hatte sich Sobieski durch seinen Besuch der Messe in der Leopoldskapelle verspätet.

Im zweiten Acte des Schlachttages, der den Rest des Vor= mittages umfaßt, steigerte sich das vorbezeichnete Verhältniß der Schlachtlinie: die Kaiserlichen am äußersten linken Flügel — obgleich sie um Nußdorf einen harten Kampf zu führen hatten — mußten gegen Mittag eine Gefechtspause von einer Stunde ein= treten lassen, um die rechts von ihnen vorrückenden Abtheilungen auf gleiche Höhe kommen zu lassen.

Ihre nächsten Nachbarn, die Sachsen, fanden große Schwierig= keiten im Gelände und im Widerstande des Feindes, der sich be= sonders auf den Nachbar des Schreiberbachs, den Bach von Grünzing stützte. An dem endlichen Erfolge wird der trefflichen sächsischen Artillerie das Hauptverdienst zugeschrieben.

Der dritte Gefechts=Abschnitt beginnt mit dem etwa um 1 Uhr Nachmittags erfolgten Erscheinen der Polen an der Mündung der Thalenge des Alserbaches bei Dornbach, dem türkischen linken Flügel, vorwärts Ottakring, gegenüber.

Die Polen, deren Hauptstärke in der Reiterei bestand, hatten sich gegenüber gleichfalls starke Reitergeschwader, die ihnen das Herauskommen aus der Thalenge, das Entwickeln durch aus= gedehnte Weingärten mit wiederholten heftigen Anläufen streitig machten. Aber auch Janitscharen waren hier postirt. Die Unter= stützung durch die deutsche Infanterie auf den Höhen des rechten Thalrandes kam den Polen sehr zu statten.

In der ersten Hälfte des Nachmittages hielt der türkische rechte Flügel den sehr günstigen Abschnitt des Krotenbaches bei Döbling; links von demselben lag eine Schanze, die mit sechs Geschützen armirt war. Der linke Flügel, den Polen gegenüber, war, wie erwähnt, sehr stark besetzt. Nur schwach dagegen, fast nur mit Artillerie besetzt war die Mitte der türkischen Stellung. Dem= zufolge hatte auch das Centrum des Angreifers — Bayern und Reichstruppen — die wenigst schwere Arbeit; die Bayern konnten ihren Kräfteüberschuß den Polen zu Gute kommen lassen, was sie

auch in wirkſamer Weiſe thaten. Die Janitſcharen am linken
Flügel leiſteten zähen Widerſtand.

Im Ganzen hatte bis dahin der Gefechtsverlauf dem dafür
entworfenen Plane gut entſprochen; die aus ſo verſchieden-
artigen Elementen zuſammengeſetzte, auf ſo verſchiedenen, ſchwierigen
und unüberſichtlichen Wegen vorgegangene Streitmacht hielt zur
Zeit gut Linie auf einer Strecke von 6 km.

44.

Es iſt bereits erwähnt, daß bei der Beſichtigung und Berathung,
die der Polenkönig und der Herzog von Lothringen am vorigen
Abende auf der Kammhöhe gemeinſchaftlich ausgeführt hatten,
Sobieski für den 12. noch nicht den völligen Schluß ihrer Unternehmung beanſprucht, ſondern ſich mit einer Zwiſchenſtellung
befriedigt erklärt hatte. Eine ſolche wäre in dieſem Augenblicke
erreicht geweſen.

Ob jetzt — in den Nachmittagsſtunden des 12. — Sobieski
der Anſicht geweſen iſt, es ſei bis dahin doch beſſer gegangen, als
er geſtern zu hoffen gewagt, und es ließe ſich nun doch wohl
an dieſem einen Tage mit den Türken fertig werden — darüber
finden wir keinerlei Andeutung. Man ſollte meinen, wenn er das
geſtern aufgeſtellte Programm erweitern wollte, wäre es ſeine,
des erwählten Höchſt-Leitenden Sache geweſen, entſprechende
Befehle zu geben, oder — falls er ſo diktatoriſch nicht verfahren
wollte — Kriegsrath zu halten.

Statt deſſen finden wir die Initiative, wie am frühen Morgen
für den Beginn der Vorwärtsbewegung, jetzt am Nachmittage für
ihre Fortſetzung bei dem Herzoge von Lothringen. Wieder hatte
am linken Flügel eine Gefechtspauſe eintreten müſſen, um den
rechten Flügel aufkommen zu laſſen. Mit dem Kurfürſten von
Sachſen und den um ihn verſammelten Generalen erwog der
Herzog die Gefechtslage und was wohl weiter zu thun ſei. Die
humoriſtiſche Bemerkung eines alten Haudegens: er möchte ſeinen
kontrakten Gliedmaßen gern heut noch ein gutes Quartier in Wien
zu Theil werden laſſen — wurde mit allſeitiger Zuſtimmung und
der Erklärung beantwortet: man ſollte die „Viktorie weiter
proſequiren"; darauf entſchied der Herzog: „Marchons donc!"
Alſo vorwärts! Damit begann der vierte Zeitabſchnitt des

Schlachttages, der in den Stunden von 5 bis 7 Uhr Nachmittags die Entscheidung brachte.

Wider Erwarten machten die Türken die Ausführung des Entschlusses zu erneutem Vorgehen nicht sonderlich schwerer, indem sie ihre treffliche Stellung am Krotenbache matt vertheidigten und bald aufgaben. Die Schanze nahmen die Sachsen mit leichter Mühe.

Nun war erzielt, worauf von Anfang an der Herzog sein Augenmerk gerichtet hatte: der türkische rechte Flügel hatte die Strom-Anlehnung verloren; jetzt war nur rechts einzuschwenken, um den Feind aufzurollen. Auf diesem Wege streiften die Kaiserlichen bereits das türkische Lager. Es ist ihnen hoch anzurechnen — besonders, da es sich um Truppen des 17. Jahrhunderts handelt, die ein Türkenlager betraten — daß sie Mannszucht genug hatten, um alles Plünderungsgelüst zu unterdrücken und nur ihrer taktischen Aufgabe eingedenk zu sein.

Das Weichen des rechten türkischen Flügels erschütterte durch Fortpflanzung des Druckes demnächst den linken. Bis dahin hatte dieser unter dem tapferen alten Ibrahim, dem Pascha von Buda, den Polen noch immer fest widerstanden. Als aber nun zum Frontangriff die ernste Bedrohung der rechten Flanke trat, gab Ibrahim Befehl zum Rückzuge, der ruhig und geordnet begann, aber, wie so häufig, bald in ein lebhafteres Zeitmaß überging.

Der Großwesir ergriff in dieser Bedrängniß sein letztes Mittel: er ließ die grüne Fahne des Propheten entfalten.

Dies ist der höchste Trumpf, den der Islam auszuspielen hat; das letzte moralische Reizmittel, wenn die physischen Kräfte ihren Dienst versagen.

Der große Zauber war auch diesmal nicht wirkungslos, aber geradezu Wunder zu thun gegen alle taktischen Regeln und Erfahrungen vermochte er doch nicht. Die zusammengedrängten, aus der Ordnung gekommenen, vom Feinde umklammerten Türkenhaufen konnten nur noch fallen oder fliehen; im rechten Momente stürmte jetzt Sobieski mit mächtigen Reitermassen und vollendete die Auflösung, die der Herzog umsichtig und energisch eingeleitet hatte.

Auf den Feldern bei Hernals, am Alserbache, fiel die letzte Entscheidung.

Die in den Laufgräben vor Wien zurückgebliebenen Jani-

tscharen hatten am Tage der Schlacht noch einen Sturm unter=
nommen; von diesem zurückgeworfen, zogen sie sammt dem Geschütz
aus dem Angriffsfelde ab und hinter den Wienfluß.

Als um 6 Uhr Abends Prinz Ludwig von Baden mit einigen
Regimentern auf der Stätte erschien, fand er die Laufgräben bereits
verödet. Er war der erste unter den Befreiern, der am Schotten=
thore unter Trompetenschall und Paukenschlag den tapfern Komman=
danten des befreiten Platzes begrüßte.

Um 7 Uhr konnte die Schlacht als völlig beendet gelten.
Abends gegen ½8 Uhr erreichte der Herzog von Lothringen durch
die nördliche Vorstadt, die Roßau, die Contrescarpe der Festung.

Die Flucht der Türken war so überraschend, eilig, vollständig,
daß Sobieski eine Kriegslist und die Rückkehr des Feindes in der
Nacht besorgte. Er gab daher Befehl, daß das Entsatzheer bei=
sammenbleiben und gefechtsbereit kampiren solle.

Es wird berichtet, daß die Deutschen diesen zweckmäßigen
Befehl befolgt, die Polen aber der Versuchung nicht zu wider=
stehen vermocht hätten, die Schätze des preisgegebenen Türkenlagers
zu besichtigen.

Der Preis, mit dem das Entsatzheer seinen Sieg bezahlt hat,
ist ein mäßiger, selbst wenn man die höchste der in den weiten
Grenzen von 500 bis 4000 schwankenden Verlustziffern annimmt.
Der Verlust betrüge dann etwa 5 pCt. der im Gefecht Gestandenen.
Derjenige der Türken wird doppelt bis vierfach so hoch geschätzt.

Die Festung hatte von ihrer ursprünglichen regelmäßigen
Besatzung von 11 200 Mann bis jetzt 5000 durch den Tod ver=
loren; 2000 lagen noch krank. Die Einwohnerschaft, in der Höhe
von rund 5000 Mann am Kriegsdienst betheiligt, hatte 1650 Mann
verloren; darunter 176 eigentliche Bürger der Stadt.

Eine erhaltene türkische Bestandsnachweisung vom 7. September
läßt zu dieser Zeit schon einen Verlust von 50 000 Mann ersehen.

Die Festung hatte wohl 100 000 Schüsse aus schwerem
Geschütz — Doppelhaken und Handgranaten eingerechnet — em=
pfangen und zurückgegeben.

Der Angreifer hat mindestens 40 Minen gesprengt und
50 große Stürme ausgeführt.

45.

Die Ausnutzung des großen Sieges war nicht ganz diejenige,
die sie hätte sein können. Auch hier erscheinen der Polenkönig und

der Herzog von Lothringen in einem Gegensatze, der dem Nimbus des ersteren Eintrag thut.

Der Herzog wollte sofortige Verfolgung; der König hielt einige Tage der Erholung für seine ermüdeten Truppen für unerläßlich; auch nicht mit der Reiterei oder doch einem Theile derselben sofort zu verfolgen, ließ er sich bestimmen.

Dafür besichtigte er — zunächst die Festung. Dies war vom militärischen Standpunkte erklärlich und gerechtfertigt. Der Kommandant empfing seine Befreier und zeigte ihnen die in Trümmern liegenden Werke, die rühmlichen Zeugnisse tapfersten Widerstandes.

Nun wollte Sobieski auch die Stadt betreten.

Der Kaiser war von Linz her unterwegs und sollte morgen eintreffen. Sobieskis Begleiter gaben zu verstehen, daß sie noch 24 Stunden warten und nur im Gefolge des Kaisers in seine befreite Residenz einziehen möchten. Aber Sobieski verstand sie nicht, betrat wie zufällig die Stadt und nahm auch nicht wahr, daß die beiden Kurfürsten und der Herzog von Lothringen zurückblieben.

Der nun folgende Triumphzug Sobieskis, der sich scheinbar unbeabsichtigt aus der militärischen Besichtigung entwickelte, zu dem sich türkische Fahnen und Roßschweife, auch ein schön gesatteltes Leibroß des Großwesirs einfanden, bei dem es natürlich an Zulauf des Volkes, Jubelrufen und Steigbügel-Küssen nicht fehlte — diese anscheinend improvisirte „Apotheose" mag nicht wenig zu der poetischen Verklärung beigetragen haben, in der die kurzgefaßten historischen Darstellungen in den Compendien und Conversations-Lexiken die ritterliche Gestalt des Polenkönigs und die That der Befreiung Wiens in Zusammenhang bringen, gleichsam identificiren.

46.

Erst am 18. September begann die Kriegsthätigkeit wieder. Der Kurfürst von Sachsen war mit seinen Truppen heimwärts abmarschirt. Der Fürst von Waldeck hatte erklärt, ohne neue Befehle seiner Auftraggeber die Reichstruppen über Wien hinaus nicht verwenden zu dürfen. Kur-Bayern stand noch in neuen Verhandlungen über weitere Betheiligung. Es rückten daher nur die Polen, die stets die Vorhut bildeten, und die Kaiserlichen unter dem Herzoge von Lothringen von Wien donauabwärts den Türken nach.

Der Herzog hatte fortgesetzt mit Sobieski einen schwierigen Stand. Von letzterem ist es ganz unzweifelhaft, daß er ein ritterlicher Herr, von großer persönlicher Tapferkeit und ein ehrlicher Türkenfeind gewesen ist; aber er hatte mit großen Hemmungen und Gegenströmungen zu kämpfen. Seine Truppen waren sehr schlecht disciplinirt, eigenwillig, unbotmäßig, sehr unkameradschaftlich den Deutschen gegenüber und zu Raub und Plünderung geneigt, gleich Türken und Ungarn. Ferner waren viele der Führer vom hohen polnischen Adel, der sich ja niemals durch besonderen Respekt vor seinen Wahlkönigen ausgezeichnet hat, kriegsmüde und unlustig. Endlich drohte in Warschau die französische Strömung wieder die Oberhand zu gewinnen.

Der Widerspruch zwischen eigner Neigung und äußeren Einflüssen erklärt die schwankende Stimmung des Polenkönigs; aber — entschuldigt oder nicht — er war thatsächlich ein unbehaglicher und bisweilen bedenklicher Kriegsgefährte und Verbündeter für den Herzog von Lothringen.

Dieser hatte sich vorgesetzt, dem Wunsche des Kaisers gemäß den Feldzug mit einer „schönen Action" zu schließen und als solche die Einnahme von Gran ins Auge gefaßt. Auf dem Wege dahin holte sich Sobieski eine schwere Niederlage durch ein vollständig kopfloses Benehmen, indem er — wider ausdrückliche Verabredung an einem zum Abwarten des zurückgebliebenen Fußvolkes bestimmten Rasttage — eigenmächtig und ohne vorherige Recognoscirung gegen eine gut gewählte türkische Stellung an- und in einen Hinterhalt hineinritt.

Der Herzog, der ihn selbstverständlich nicht im Stiche lassen wollte, so sehr er auch begründete Ursache hatte, sein eigenmächtiges Vorgehen zu tadeln — rettete die polnischen Truppen und ihren Führer vom drohenden Untergange.

Am 9. Oktober trug der Herzog an derselben Stelle (bei Parkány, Gran gegenüber) einen glänzenden Sieg davon und brachte den Türken große Verluste bei.

Schließlich, bei der Belagerung von Gran, die durch inzwischen eingetroffenen Nachschub bayerischer Truppen erleichtert wurde, konnte Sobieski mit Mühe bewogen werden, wenigstens durch seine passive Gegenwart das Unternehmen zu begünstigen; in seinem Namen wurde der Platz zur Uebergabe aufgefordert und ergab sich nach nur dreitägigem Widerstande.

Die Absicht des Herzogs war damit erreicht; dem Kaiser war das Verlangen nach einer schönen Schluß-Action des Feldzuges erfüllt.

47.

Zum Schlusse unserer Darstellung mögen dem türkischen Hauptträger der Kriegsereignisse des Jahres 1683 in Oesterreich und Ungarn, dem Großwesir Kara Mustafa, noch einige Zeilen gewidmet werden.

Das Ende des Jahres brachte noch nicht das Ende des Krieges, aber es brachte das Ende seines Urhebers.

Die Entfaltung der Mohammed=Fahne war des Großwesirs letzte Anordnung auf dem Schlachtfelde. Er übergab bald darauf den Oberbefehl dem Nächstältesten im Range (an Jahren bedeutend Aelteren), dem Pascha von Buda, Ibrahim, und eilte auf das Angriffsfeld, um das Belagerungskorps zu sammeln und — vielleicht es als letzte Reserve in die Schlacht, oder es hinter den Wienfluß in Sicherheit zu führen.

Er hat jedenfalls keinen Einfluß mehr auf das Schicksal des Tages üben können.

Er ging zunächst nur bis in jene Stellung bei Raab zurück, die er Anfang Juli den Kaiserlichen gegenüber eingenommen hatte, und sammelte nach Möglichkeit seine vor Wien versprengten Truppen.

Damit that er etwas Gutes und Rühmliches, aber für seine Person that er etwas Böses.

Er stattete dem Sultan Bericht über die große Niederlage vor Wien ab und wälzte die Schuld derselben von sich auf Andere, namentlich auf Ibrahim, der in der That in den letzten Momenten den Oberbefehl gehabt hatte, aber freilich in Momenten, wo nichts mehr zu retten oder zu verderben war.

Ibrahim hatte im Laufe des Feldzuges zweimal andere Ansichten gehabt und ausgesprochen, als der Großwesir. Bei der Berathung in Belgrad hatte er gegen das sofortige Losgehen auf Wien und für die Besitznahme einiger Zwischenpunkte, Komorn, Raab, Preßburg, gestimmt. Als das Entsatzheer oberhalb Wien sich sammelte und dessen Plan erkennbar war, hatte er die Meinung vertreten, daß man den Wiener Wald besetzen und lieber darauf verzichten solle, die Belagerung von Wien in der bisherigen Weise aktiv aufrecht zu erhalten.

Der Großwesir hatte zweimal Ibrahims Rath verschmäht, und der Erfolg war die große Niederlage des türkischen Heeres.

Das wäre in Konstantinopel ohne Zweifel zur Sprache gekommen, wenn Ibrahim zum Sprechen gekommen wäre.

Thatsächlich hatte Ibrahim den Oberbefehl gehabt, als die Schlacht vor Wien verloren ging; er hatte sie also verloren, er war verantwortlich. Der Großwesir war im Besitze der höchsten Machtvollkommenheit, der Sultan hatte ihm seine volle Vertretung beim Heere zugestanden, er hatte auch die höchste Gerichtsbarkeit.

Und er übte prompte türkische Justiz. Angesichts der murrenden Truppen ließ er Ibrahim, zwei andere ihm ergebene Paschas und 50 niedere Offiziere, da er sie des Verraths schuldig erklärte, erdrosseln.

Vor dem wieder in Bewegung gekommenen Feinde zog sich der Großwesir von Raab nach Ofen (Buda) zurück. Die von ihm gesammelten Streitkräfte (Anfang Oktober 35 000 Mann) sandte er größtentheils nach Gran und der Grenze zu dem Feinde entgegen.

Tököly mit 8000 Ungarn und zwei Paschas mit ihren Truppen standen 50 km nördlich von Gran, bei Lewa im Thale des Granflusses.

Tököly war um diese Zeit ein sehr zweifelhafter Freund, er verhandelte wieder einmal um Frieden und Anerkennung seiner Wünsche mit dem Kaiser, und zwar durch Vermittelung Sobieskis, der sein Gönner war.

Tököly blieb unthätig zur Seite stehen und ließ es geschehen, daß der Herzog von Lothringen die Türken bei Parkány schlug, daß er Gran angriff und nahm.

Kara Mustafa zog sich von Ofen nach Belgrad, nachdem in dem Gefecht von Parkány am 9. Oktober ein großer Theil der wiedergesammelten Streitkräfte vernichtet oder versprengt worden war.

Lange hatte der Großwesir den Sultan über seine Schuld an der Wiener Katastrophe getäuscht, da er seinen bedeutendsten Ankläger eiligst zum Schweigen gebracht hatte, Anderen mochte die Furcht vor dem mächtigen und gewaltthätigen Manne den Mund verschließen. Seine in der That als tüchtig anzuerkennenden erfolgreichen Bemühungen, aus den bei Wien Versprengten wieder eine achtunggebietende Streitmacht zusammenzubringen, hatten ihm sogar Dank und Belohnung vom Sultan eingetragen.

Als aber der beste Theil des wiederaufgerichteten Heeres bei Parkány aufgerieben, als Gran gefallen war, da wurden die zaghaften Stimmen der heimlichen Feinde laut, und es erklärten sich die Janitscharen gegen ihn. In dem eigenartigen Kriegsstaate der Osmanen waren die Janitscharen eine politische Macht; ihre einmüthig ausgesprochene Verwerfung des bisherigen Führers war ein Todesurtheil.

Am 25. Dezember um Mitternacht traten die Abgesandten des Sultans in Belgrad in die Wohnung Kara Mustafas, nahmen von seiner Brust das Siegel mit dem Namenszuge des Sultans, das Zeichen des Großwesirats, und überreichten ihm die rothe seidene Schnur, das Zeichen seiner Verurtheilung.

So wurde Wien noch vor Ablauf des Jahres an seinem Bedränger gerächt.